U0710674

中华先贤人物故事汇

孙思邈

石继航 著

醫

中华书局

图书在版编目（CIP）数据

孙思邈／石继航著. —北京：中华书局，2022.1（2024.12 重印）
（中华先贤人物故事汇）
ISBN 978-7-101-15379-8

Ⅰ.孙…　Ⅱ.石…　Ⅲ.孙思邈（541~682）-生平事迹
Ⅳ.K826.2

中国版本图书馆 CIP 数据核字（2021）第 194178 号

书　　名　孙思邈
著　　者　石继航
丛 书 名　中华先贤人物故事汇
责任编辑　马　燕　董邦冠
美术总监　张　旺
封面绘画　冯　戈
内文插图　李　宁
责任印制　管　斌
出版发行　中华书局
　　　　　（北京市丰台区太平桥西里 38 号　100073）
　　　　　http：//www.zhbc.com.cn
　　　　　E-mail：zhbc@zhbc.com.cn
印　　刷　三河市宏达印刷有限公司
版　　次　2022 年 1 月第 1 版
　　　　　2024 年 12 月第 3 次印刷
规　　格　开本/787×1092 毫米　1/32
　　　　　印张 5⅛　插页 2　字数 50 千字
印　　数　11001-14000 册
国际书号　ISBN 978-7-101-15379-8
定　　价　20.00 元

出版说明

孔子周游列国，创立儒家学说；张骞出使西域，开辟丝绸之路；书圣王羲之，留下了曲水流觞的佳话；诗仙李白，写下了"举头望明月，低头思故乡"的名篇；王安石为纠正时弊，推行变法；李时珍广集博采，躬亲实践，编撰医药学名著《本草纲目》……

这些杰出的历史人物，有的是在中华民族文明进程中做出过突出贡献、对后世产生过巨大影响的思想家、政治家，有的是对中华优秀传统文化的传承传播发挥过重大作用的文学家、艺术家、科学家，有的是为国家安定统一、民族融合团结和中外文化交流做出过杰出贡献的军事家、外交家……他们为中华民族的繁荣发展做出了伟大的贡献，他们的行为事迹、风范品格为当世楷模，并垂范后世。

他们是中华民族的先贤人物。他们的思想、品德、事迹，是中华优秀传统文化的结晶。他们的故事，是对中华民族的禀赋、特点和气质最生动、最鲜活的阐释。他们的名字，在五千年中华文明史上最为光彩夺目。他们为五千年中华文明史书写了最为光辉灿烂的篇章。

为了解先贤，走近先贤，我们精心组织编写了这套《中华先贤人物故事汇》丛书。以详实可靠的史料为依据，以细腻动人的故事为载体，真实地呈现中华先贤人物的事迹、品格和精神风貌，彰显他们的贡献和功绩，以激发人们对国家民族的热爱，对中华文明、中华优秀传统文化的崇敬。

开卷有益，期待这套丛书成为你的良师益友。

目 录

导读·· 1

多病少年······························· 1

崭露头角······························· 27

苦学医术······························· 47

造福乡邻······························· 65

遍寻医方······························· 83

智救产妇······························· 99

结识名医······························· 113

暮年入川······························· 122

潜心著述 ························· 135

孙思邈生平简表 ················· 149

导 读

　　孙思邈是我国历史上著名的医学家和药物学家，被后世尊为"药王"。西魏大统七年（541），出生于京兆华原（今陕西铜川）。

　　孙思邈见识非凡，少有奇志。因幼年时多患疾病，耗尽家财，切身体会到病人的疾苦，于是不考功名，不图仕进，立志从医。他勤奋读书，天资聪颖，七岁的时候，就认识了一千多字，每天能背诵上千字的文章。据《旧唐书》记载，西魏大臣独孤信对孙思邈十分器重，见面之后，称其为"圣童"。十八岁时孙思邈就开始免费给四邻八乡的父老乡亲们看病，很多无钱求医的病人都因此得益。不但如此，他还悉心研读老子、庄子的学说，精通道家典籍。北周权臣杨坚召孙思邈任国子博士，但他无意仕途功名，坚辞不受，一心致力于医学。

为了逃避征召，后来他隐居太白山，四处寻觅药方，研究草药的性能，着手编撰医书。终于编成造福百世、辉映古今的不朽名著——《千金方》和《千金翼方》。

孙思邈淡泊名利，敝屣荣华，拥有极为高尚的医德。凡是来求医问诊者，在他眼中并无贵贱贫富之分，也不因华夷愚智等差别另眼相看，而是一视同仁，公平对待。他最早重视妇幼保健问题，首创妇科、儿科，他的著作中有《妇人方》三卷，《少小婴孺方》二卷，并置于卷首，以示格外重视。孙思邈尊重生命，宣称"人命至重，有贵千金"，所以将自己的医书定名为《千金方》和《千金翼方》。另外，相传他还著有《千金髓方》《千金月令》《千金养生论》等著作。这些皇皇巨著，极大地丰富了我国的传统医学宝库。

孙思邈还是我国历史上最有名的养生学家，对于食疗、药疗、养性、养生、养老等问题，第一次做了精辟而详实的论述，造福后世，泽及百代。他本人得享一百四十一岁的高寿，有力地佐证了他提倡的养生之道是行之有效、真实可信的。

　　本书以确凿的史实为骨架，相关的传说及合乎情理的想象为血肉，塑造并还原出一个真实立体的"药王"形象。通过叙述一代医学先贤孙思邈的平生事迹，赞扬了他不循前人，敢于创新，用毕生的精力钻研医术、探寻药性的高尚精神。他的崇高医德和不朽功业，闪耀着中华先贤们精金美玉一般的悠远光辉。

多病少年

1

西魏大统年间（535—551），正是天下大乱的南北朝时期。当时的中华大地，烽烟四起，兵戈不止，各路豪雄杀伐不断，四处征丁拉夫，将原本花团锦簇的大好江山，变成血海刀山的地狱一般，百姓苦不堪言。

546年，西北的瓜州、凉州大乱，东魏大将高欢驱大军攻打西魏，但遇到名将韦孝宽的殊死抵挡，军兵死者达七万人，都被一股脑扔进土坑，埋成一个大坟，巍巍如山。

不过，年方五岁的孙思邈尚属童子无忧的年

纪，还不懂得这些天下大事。眼见秋风飒然，一扫夏日的炎热，就带了竹筐和阿骆、阿青等五六个小伙伴，一起到西北方的山林里去采些野果野蘑菇之类，以资家用。

此处叫孙家塬村，属京兆府华原县（今陕西铜川），离长安不过百里之遥。虽然相隔不远，但相比繁华的长安，可就荒凉多了。此处西北毗邻黄土高原，沟谷纵横，崎岖难行，自是人烟荒僻，好在这里是长安通向陕北的交通要道，所以城垣街市还算齐备。

年幼的孙思邈还没有去过长安城，他觉得最好玩的事情就是进山采集了。来到山林之中，有淙淙的溪水可以濯足洗面，有羽色斑斓的各种飞鸟在婉转啼鸣，运气好的话，还能掏到一大窝鸟蛋，捉到一两只肥肥的野兔，采到一大筐鲜嫩的蘑菇。

阿青是个十来岁的小姑娘，她更喜欢那漫山遍野、千姿百态的野花，有单瓣的，有重瓣的，像繁星撒落在天空，开遍了原野，开遍了山河，像织女用红霞和白云在天机上织成的轻绡。

大家七手八脚采了不少野花，还编成花环戴到了阿青的头上，又手牵手搭成一个"轿子"，让阿青坐在上面，扮成新娘子出嫁的模样，还有孩子折了一根秸秆，放在嘴边模仿乐手们吹着唢呐的样子，一时间好不热闹。

没想到忽然间天地风云变色，冷风骤起，从西北方卷过一片黑云，一时间雨横风狂，把这群孩子淋得如落汤鸡一般，大伙慌忙撒丫子往村里跑，阿青头上的花环和鬓上的野花早已掉落，孙思邈篮子里的蘑菇也散失了大半，阿骆还不小心踩到一个土沟里，把脚崴了。一个个浑身上下，全是泥水。

来到村口，只见孙思邈的母亲雷氏身披蓑衣，手举一把油纸伞，正在着急地等待。她望见孙思邈一脚水一脚泥地奔了过来，慌忙脱下身上的蓑衣，给孙思邈裹在身上，语带斥责地说道："邈儿，你又去哪里了？和你说过多少次了，你身子骨弱，不能像其他孩子一样胡乱跑！"

孙思邈提起手中那半篮蘑菇，笑着说："娘，我和小伙伴们上山采蘑菇去了，看，这么多蘑菇！本来还要多，可是下雨后我玩命地飞跑，一不小心跌了一跤，蘑菇撒了大半，随着雨水就冲下山沟了……"

母亲不等他说完，就慌忙领他回到家中。孙家塬处处是厚厚的黄土，当地人都是将黄土掏成窑洞，省去了烧砖磨瓦、架梁顶柱的花费，孙思邈家也不例外。到了家里，母亲忙替孙思邈换下湿透的衣服，又擦干他身上的雨水，让他钻进被窝里。只看孙思邈浑身发抖，上下牙打颤，格格作响，母亲不禁大为担忧。

　　哪知怕什么来什么，不一会儿，孙思邈就发起了高烧，额头像火炭一样烫，还迷迷瞪瞪地说起了胡话。雷氏惊慌失措，但这样的大风大雨，无处求医，只能是扯下旧衣襟浸了冷水，替他擦拭额头。

　　这一晚雷氏几乎一夜未眠，好容易盼到了天亮，小思邈的烧也不那么厉害了，她这才昏昏睡去。恍惚中，忽然梦见已经死去的夫君孙孝冰，笑着走了过来，抱起床上的小思邈，对她说道："娘子，这几年辛苦你了，要不小思邈以后就由我照看吧。娘子可以重梳蝉鬓，淡扫蛾眉，再择贵人。"

　　雷氏一惊，从梦中醒来，想到夫君已是故去三年多了，这个梦大为不祥，难道小思邈也要随其父到黄泉之下吗？想到这里，她不禁浑身都是冷汗。

雷氏惊慌失措，但这样的大风大雨，无处求医，只能是扯下旧衣襟浸了冷水，替他擦拭额头。

不行，得赶快进城给小思邈瞧病去！雷氏搜检了半天箱奁，只找出一面铜镜，还值一些钱，于是揣在怀中，又找来村中的牛老汉，雇他套了辆驴车，用被子将孙思邈裹得严严实实的，赶去西南二十里的华原城找医生瞧病。

2

虽然是中原动荡，四海疮痍，但华原这里倒是近来未经战乱，因此城郭相当的完整。牛老汉因为还有农活要忙，所以没进城就驾车回家了，雷氏只好背起小思邈，徒步走入这华原城中。

进得城来，只见街肆倒也是像模像样。虽然不比长安，但麻雀虽小，五脏俱全。只见那秤行、鼓行、笔行、肉行、鱼行、金银行、铁行鳞次栉比，衣肆、药材肆、帛肆、凶肆也应有尽有。时近中午，各家饭铺里都飘出饭菜的香味，眼见小思邈的额头又发起热来，雷氏顾不得吃饭，只是买了个胡饼充饥，一路脚不停歇，急急去城中最大的医馆，找有"何神仙"之称的城中第一名医诊治。

这家医馆名为"济世坊"，紧挨着城西土地庙。雷氏带着小思邈，刚要踏上石阶，一个伙计横眉立目，抱着膀子，对着他们喝道："不懂规矩吗？先预交诊金，拿了号签门外候着。"

雷氏怯怯地问道："不知诊金要多少钱？"

那伙计上下打量了一下他们母子，鼻孔中"哼"了一声，冷冷地说道："何神仙是当世名医，诊金要一缗钱（一千文钱）呢，看你好像也拿不出来，要不趁早寻别处去吧！"

雷氏一听，焦急地说："这位小哥，能不能行个方便，我一时没带这么多钱，能不能先瞧了病，日后补上。"

那伙计不怒反笑："日后补上？笑话，何神仙看病，哪有赊账之理？你还是趁天色还早，另寻别家吧！"

雷氏又问："城中何处还有医家？"

那伙计撇了撇嘴，说道："城南有个赵歪嘴，假称太医院出身，专门在街上卖杖摇铃，哄过往之人，哪里晓的甚脉息病源！他要是进了地府，单是因他误诊而死的索命冤魂，就能把他给扯烂了！"

雷氏听了，不禁倒吸一口冷气，当下一狠心，拔下了头上所戴的鎏金雕花的银钗，递了过去，说道："这枚钗子抵得了一缗钱吧？还烦请快点让何神仙诊治我的孩儿吧。"

那伙计见这枚银钗雕饰精美，入手极为沉重，不禁笑得见牙不见眼，完全变了一副嘴脸，改口说道："这位娘子，好说好说，我替你通报一声，就说孩子病情紧急，不得不插个队了。"

雷氏见他将那枚心爱的银钗揣入怀中，心里也很是难过。这枚银钗是丈夫的定情聘物，丈夫离去后，她每每在手中摩挲，思念不已。如今要不是小思邈病情危重，就算是丢了自己的性命，她也不愿意舍去此钗。

果然钱能通神，那伙计得了银钗，不多时便引母子二人来到堂中，只见这间大堂极为宽敞，西边一排高大的红木药柜嵌满小方盒子，上写人参、灵芝、何首乌、枸杞、牛黄、熊胆、蛇毒、鹿茸等等，几案上摆着药钵、戥子、镇纸、算盘、铁碾、瓷罐等物，三四个精明的伙计在忙碌着，有的在验方抓药，有的则在碾药煎药。

穿过这间屋子，来到后堂，这才是何神仙诊治病人之处。只见坐榻上铺着厚软的红色垫子，那何神仙白须飘飘，正凭几而坐，眼睛半睁半闭，似在怡养精神。

那伙计小心翼翼地轻声说道："何老神仙，这妇人带了孩儿来诊病。"

听得此言，雷氏慌忙带小思邈走到何神仙榻前。那何神仙缓缓地睁开了眼，伸出枯瘦如树枝一般的手，握着小思邈的手腕，号了下脉，就再度倚到了几案上，闭上了眼。

雷氏慌忙问道："何神仙，我娃儿的病情到底如何？严不严重？"

何神仙眼也不睁，口中答道"脉血气盛，邪客之则热，热甚则恶火"，说着咳嗽了两声，然后又道："人之伤于寒也，则为病热，热虽甚不死，其两感于寒而病者，必不免于死。"

雷氏听不懂他说的话，只是先听他说了个"不死"，后来又说了"不免于死"，不禁心惊肉跳，当下急问："可有灵药相救？还请大发慈悲，

多病少年　9

速速医治。"

说着，雷氏双膝一软，给何神仙跪了下来。

那何神仙说道："要治此病，倒也不难。我有灵犀玉粒清瘟丸，服后其效如神，只是其中用了犀角、珍珠、美玉等物，价钱不菲，就看你舍不舍得了。"

雷氏发愁道："不是奴家吝啬，只恐这药太过珍贵，还请老神仙半赐半售，救得我的孩儿，母子二人没齿不忘，将来倘有出头之日，必将报老神仙之大恩大德。"说罢，连连磕头，砰砰作响。

那何神仙却无动于衷，只是闭目摆手。伙计见他摆手，慌忙过来扯了雷氏母子出去，口中叱道："休得在此处啰嗦，何神仙哪有空理会你，咱们到外面说话。"

来得药堂，雷氏问道："这灵犀玉粒清瘟丸，到底价值几何？需服用多少？"

伙计指着一个青玉钿盒说道："此中便是灵犀玉粒清瘟丸，一粒要十缗钱，要想见效快，一次要服三粒，连服三日方可。"

雷氏一听，心中凉了半截："那岂不是要有

九十缗钱才够？"她从怀中掏出那面龙虎纹铜镜，这也是她和夫君的定情信物，上面刻有铭文："与天无极，与地相长。欢乐未央，长毋相忘"，自己一直是珍之重之。

但那伙计看了，却嗤道："这破铜烂铁的玩意儿，能值得几个钱？"

雷氏焦急道："听夫君说，这是汉代所传，非是新近所铸造的能比，当时购得时，颇费资财……"

伙计不等她说完，就赶她出门："走走走！这个我们不懂，你去卖了换得钱来，或是到质库（当铺）当得钱来，再来理论。别耽误我们的生意！"

说罢连推带搡，就把母子二人赶到了门外。

3

出得门外，雷氏打听得质库的所在，抱着小思邈走走歇歇，足足有半个时辰，才找到质库。只见质库的伙计膀大腰圆，更是一副凶神恶煞般的嘴脸，拿过雷氏的铜镜，撇了撇嘴说道："这破铜烂铁的旧东西，也就值三百文铜钱罢了！"

雷氏苦苦央告："这位小哥，我当此镜是为了给孩儿治病抓药，还望心存慈悲，做个好事。"

那伙计冷笑道："我慈悲你，谁慈悲我啊？老板要是不给我饭吃，你给啊？"

就在此时，只见隔壁布匹店出来一个三十来岁的汉子，身着白麻袍子，身材又高又瘦，长得尖嘴猴腮，胡子焦黄稀疏。听得争闹之声，就走了过来，劈手夺过那面古镜，反复看了看，然后对雷氏说道："这镜子还不错，看来能卖个几十缗钱，要不这样，我帮你拿去卖了，你给我一百文跑腿钱，如何？"

看雷氏面有犹豫之色，他一指旁边的布匹店，说道："我在这里买了白绢三十匹，可以先放在这里做个抵押。"然后对布店伙计高声说道："我这三十匹布，先放在这儿，让这位娘子看着，我办点事，一盏茶的功夫就回来。"

雷氏抱着小思邈走了这许多路，早已是筋疲力尽，看到这人肯帮忙，就像溺水之人找到一根稻草一般，当下不疑有他，就将铜镜递了过去，还再三致谢。

哪知这人走了半晌，一直到红日西沉，还没有回来。布店伙计不禁催问雷氏："这位娘子，本店就要打烊了，这白绢要不明日再买？我们可以给你留着。"

雷氏一听，十分吃惊，当下冷汗涔涔："刚才那人并未付账？"

伙计也是一怔，说道："那人只是匆匆忙忙地说要三十匹白绢，我们给他拣出来后，他又匆匆出门，我以为他去取钱，结果他将娘子领来在此等候……"

听到这里，雷氏一下子全明白了，情知刚才那个尖嘴猴腮之人，就是个骗子。他假装买了白绢，以此为质，再骗雷氏手中的古镜，这一去，必无返回之理，自己这面古镜，就这样白白给他骗去了。

这真是雪上加霜，连雷氏心中那一丝残存的希望之火也给浇灭了。当下，雷氏不禁放声大哭起来。

问起缘由，布店老板虽然深表同情，但却也无法可想，当下劝道："娘子也不必过于伤心，自来万般皆是命，半点不由人，这也是命中该有此劫，俗话说破财消灾嘛。如今天色已晚，此处不方便留娘子过夜，向西三百多步，有个静虚庵，里面是尼姑，主持师太为人慈和，娘子可去借宿一晚，明日再作计较。"

雷氏无奈，只好依他所言，来到这静虚庵中，说明来意后，一个十三四岁的小尼姑，引母子二人来到了观音堂中。

4

这里的主持师太五十多岁年纪，慈眉善目，听雷氏讲了来龙去脉后，叹了口气说道："如今四处刀兵不断，盗匪蜂起，日子确实难过啊！老衲此处，也常有朝不保夕之感。前些天一队兵丁过来拆了庙中的大雄宝殿，说是要用其中的梁柱修城筑堡，加上藏经楼又失火被焚，寺中实在也没有像样的住处借给你们母子，只是弥勒后殿还算完整，你们就暂且歇息一晚吧。"

雷氏谢过，小尼姑抱了一床草席，领他们来到这弥勒后殿，点燃了案上半枯的油灯，如豆般的火焰，发出微弱的黄光，只见此处的韦驮站像，油彩半褪，尘灰满面，左手的金刚降魔杵也折断了一截，原本的威风煞气，顿时消去一多半。

雷氏将小思邈放在草席之上，只见他小脸通红，昏睡不醒，鼻翼翕张，喘着滞重的粗气，忍不住心急如焚。她跪在韦驮像前，默默地祷告："神佛有灵，让我们家思邈快快好起来吧！"

然而，就在此时，那盏本来就灰暗的油灯，突然晃了几晃，就熄灭了。

雷氏悚然一惊，心中突然浮出"人死灯灭"这样四个字，她慌忙又扑到草席上的小思邈身上，探他的鼻息，发觉他依旧在呼吸，这才稍稍放心。

窗外天色阴沉，星月无光，黑漆漆的大殿里，雷氏想："要是小思邈挺不过今晚，自己也不活了。母子二人，黄泉路上也有个伴儿。"

想到此处，雷氏反而心下坦然。疲惫了一天的她，当下抱着小思邈就昏沉沉地睡了过去。

"娘，我渴，想喝水。"

也不知过了多久，小思邈的叫声惊醒了雷氏，她揉了揉眼睛，发现天色已亮，小思邈正伸出手来推她。雷氏一探小思邈的额头，竟然热度已然消退，不禁喜出望外，当下又转身跪在韦驮像前磕了几个头，然后这才奔出殿门。

雷氏向寺中尼姑讨来了一碗小米粥，小思邈喝下后，精神更加好了。雷氏喜极而泣，把他的脸蛋亲了又亲，说道："儿啊，你是娘全部的希望，也是孙家的指望，你快点长大吧！长大了读书识字，发财做官，也不枉为娘这番辛苦！"

小思邈似懂非懂地点了点头。

5

自从这场大病之后，小思邈一直身体很弱，经常不时咳嗽，雷氏一次次带他瞧病，喝了不少汤药，把家中的财物几乎变卖殆尽。

转眼秋去春来，花落花开，又是一年。雷氏见天气和暖，就带了小思邈在院子里晒太阳。小思邈坐不住，就趴在地上看蚂蚁，雷氏把他叫过来，折了一根树枝，在泥地上划出字来教给小思邈。没想到小思邈聪明异常，很快就都学会了。雷氏又教了他几个，忽然将树枝掷去，叹了口气说："为娘才识有限，只粗识得这些字，更不懂得如何做文章，要是你父亲还在世就好了，他文采出众，博览群书……唉，要是你父亲还活着，咱家也不至于这样穷啦！"

孙思邈坐在草地上，追问道："娘，我父亲为什么这么早就离世啊，他当年是做什么的？"

雷氏长叹了一口气，眼里又汪出眼泪来，她对小思邈说："要不是你的父亲早逝，我们也不至于这样困顿，今儿我就给你把孙家的风光说一下。"

雷氏一边在地上写字，一边说："你的爷爷，也就是祖父，名字叫孙融，但你不能直接称呼，那样极为不敬，要说祖父孙公讳融。他当年做过这样的官职。"说着雷氏在地上写了"太子洗马"四个字。

"太子洗马？"小思邈问道，"这是什么官啊，是负责给太子洗马吗？"

小思邈坐不住，就趴在地上看蚂蚁，雷氏把他叫过来，折了一根树枝，在泥地上划出字来教给小思邈。

雷氏笑道："我就知道你会读错，以后记住了，这里要读'先'字的音，本来也是'先马'的意思，但不知道为什么后来就写成了洗马。其实这个职位是五品官呢，俸禄有六百石粮食。而且能够亲近太子，一旦太子登基，那官职会升得特别快。不是见识渊博、才学出众的人，是不可以担任的。"

　　思邈听了，不禁悠然神往。

　　可雷氏叹了口气说："到了你父亲这一辈，就不如你祖父荣耀了。你父亲叫孙孝冰，只是做了个县令。要不是他早早地故去，以后可能也会升职的。他要是不走这么早，咱们娘俩就不至于过这样的清苦日子了。"

　　思邈也不禁落泪，问道："我父亲是怎么故去的呢？"

　　雷氏声音哽咽："本来好好的，哪知道那一年天热，你父亲从外面骑马归来，可能是饮食不当，突然下痢，然后就发高烧，就像你前一段那次高烧一样，求医问药也不管用，任何汤药都咽不下，喝了就吐，过了三天，你父亲就魂赴黄泉了。"

说完，雷氏抱紧思邈说："孩儿，你快快长大吧，像你爷爷、你父亲一样读书做官，咱们的日子就好过了。我看你这样聪明，小小年纪就能识文断字，将来一定大有可为。"

哪知小思邈用清脆的声音回答说："不！娘，我不要做官！我要学医，为人治病。"

雷氏一怔，当下说道："孩儿啊，行医之人，虽然也有少数人赚了些钱，但地位远不如做官的风光啊！有些江湖游医，更是和乐师工匠一般，只算个手艺人罢了，见了做官的都要磕头作揖，毕恭毕敬。"

但小思邈却倔强地说道："娘，我觉得这样不对。你想这世间上的事情，哪有比人命更贵重的，就算是当官的人，官当得再大，能救活生病的人吗？那些财主们，就算家里堆满了金银珠玉，一旦染上重病，难道吃了金子，咽了珠子，就能没事吗？所以我觉得，只有精通医术的人，才是最值得尊敬的，他们能治病救人，实在是功德无量。"

雷氏听了，觉得倒是十分有理，一时无法辩驳，只是说道："唉，话是如此说，只是可惜了你这个聪明的孩子。如果读书做官，肯定能做到身着华服的贵人。那些行医的，都是读书不成，没办法才吃这碗饭的啊！"

小思邈却又辩道："娘，这更不对，你想那人命最为珍贵，治病时稍有不妥，就会贻误病情，危及人命。这是多么重要的大事，怎么能让不聪明的人来担任呢？聪明人都去做官，愚笨的人却来看病，这不是很可怕吗？"

雷氏被驳得哑口无言，想不出什么理由劝他才好。

小思邈坚定地说："我识字多了后，一定要看医书，学治病，然后把这些治病的方子都收集起来印成书，让大伙儿都知道怎么治病，这才是件大好事。"

雷氏一听，心中暗暗诧异，心想这孩子真是不同寻常，小小的年纪竟然就有了志向，难道是菩萨显灵？又想，假如小思邈学得医术，能保得身体康健，也是一件难得的好事情。于是当下也不想再说什么，只是暗中祈祷，愿小思邈一生无灾无病。

6

这日子说快也快，转眼间，桐荫转浓，蝉鸣蛙噪，就到了夏天。这一天，天空中万里无云，只见那赤日高悬，火伞高张，烤得大地焦灼不堪。

小思邈正和母亲在屋中学珠算，忽听院中黄犬狂吠，想必有生人路过。母子二人出门一看，只见一个中年道人，走得汗流浃背，正在孙家门口那棵大槐树下歇坐。

见母子二人喝住黄犬，那道人举掌行礼道："贫道想暂借贵地这棵大树乘个凉，不想却打扰两位休息了。"

雷氏见这道人四十上下，黄睛黑须，举止有礼，倒像是个有道之人，当下也还礼道："道长客气了，但歇无妨。小女子寡居在此，不便请道长进屋歇坐，还望见谅。"

回到屋里，雷氏从水缸中舀了一瓢水，吩咐小思邈给那道人送去。

那道人正在焦渴之中，喝下这瓢水，感觉甘美异常，如饮琼浆。当下抚着小思邈的头说道："孩子，你今年多大了，取了名字没有？"

当时许多穷苦人家的孩子，生下来之后，并没有名字，就是阿大、阿二这样的称呼，道人喝了水后，就想给这孩子取个名字，也算致谢了。

哪知孙思邈却清脆地回答道："道长，我叫孙思邈，今年六岁了。"

说着，就拿起一根树枝，还在地上写了"孙思邈"三个大字。

那道人不禁啧啧称奇，这"孙思邈"三个字，笔画繁多，这黄髫小儿竟然能写得出来，可见并非凡俗之辈。

"素石何磷磷，水禽浮翩翩。远涉许颍路，顾思邈绵绵"，道人吟了这两句诗，然后说道："这名字好，看来这个童子，也必是仕人之后啊。"

雷氏回到屋中做针线活，突然感觉过了好久，孙思邈还没回来，于是走出来察看。但见孙思邈聚精会神地听这道人在讲一个故事："有一只井里的青蛙，它对从东海中来的大鳖说：'看我多神气啊，我在井口的栏杆上蹦蹦跳跳，回来有残破的井壁窟窿可以睡觉。你看那些赤虫、螃蟹与蝌蚪，没有我跳得高，没有我游得快，哪能和我比？你快到我这口井里来看一下吧！'结果你猜怎么着？人家海中的大鳖的脚，小小的井口根本下不去，于是大鳖告诉它：'我住的东海，不止几千里的辽阔，不止几千仞的深，整座山放进去，也要没顶。大禹时有九年水灾，但海水不涨，商汤时有七年大旱，可是海水也不降。'这情景，小小的青蛙哪里见过啊！"

孙思邈听得悠然神往："道长，大海真有这么大吗？"

那道长点头道："我曾经东游至海，这大海，真的是如此辽阔，庄子所言不虚啊！"

"庄子？"孙思邈问道。

道长说道："是啊，老子和庄子都是我们道家师祖，作为道人，自然要熟读他们的经典。"

说罢，他从怀里掏出一本书册，对孙思邈说："这本书就是庄子所写，我早已熟读，现在就赠给你吧，你以后认字多了，就可以自行研读了。"

听得孙思邈说话间时不时地转身咳嗽，道人皱眉道："听你不时咳嗽，胸中还有水鸣之声，时吐痰涎，要服些温肺祛痰的药物才好。"

雷氏本来远远地站着，听得此语，马上走了过来，对道人深施一礼说道："道长可知此病如何用药？我儿自从高烧一场后，就不时咳嗽，夏日还好些，秋冬更甚，以致身体羸弱。道长若能医得好我儿，奴家感恩不尽。"

　　道人说道："我自江南来，曾听人说过一个方子，据说出自东汉神医张仲景的《金匮要略》，名曰'射干麻黄汤'。方子是：射干三两，麻黄四两，生姜四两，细辛、紫菀、冬花各三两，五味子半升，半夏半升，大枣七枚。以东流水一斗二升，先煮麻黄，去上沫，纳药，煮取三升，去滓，分三服，日服三次。"

　　雷氏忙回屋取出纸笔，那道人写下了方子，嘱咐她按方抓药。

　　眼见红日偏西，那道人说道："贫道自江淮来，那里大旱两年多了，蝗虫将庄稼吃得一干二净，可谓赤地千里，百姓饿死无数，到处逃荒。所以我也待不下去了，只好去北方。我有个师兄，在灵州主持玄真观，我这就去投靠他。"

　　说罢，那道人拂衣而去。

却说母子二人得了此方后，依方求药，煎服之后，果然病情大为减轻，坚持服了一个月有余，就已经完全治愈。待得寒风侵来之时，也不再像往年一样犯病了。

孙思邈从此就更加坚定了学医之心，他对母亲说："娘，你看就这样一个简单的药方，就治好了孩儿的病，假如写成一本书，将所有能治病救人的药方收集起来，那将会有多少人免于病痛，多少人不再早夭暴死？佛家说'救人一命，胜造七级浮屠'，我觉得行医救人，著医书传世，比印经拜佛更有功德啊！"

"说得好！"雷氏竟然也被小思邈给说动了，开始支持儿子学医的志向了。

崭露头角

1

　　小思邈得了那本《庄子》之后，有很多字不认识，也看不懂。雷氏认字有限，也无法再教他，于是便向乡中的塾师求教。但那塾师张口就索要五缗钱的学费，孙家哪里出得起，于是只好作罢。小思邈有时站在窗外偷听，被发现之后，还被他拎了棍棒赶走。

　　转眼又是一年，孙思邈已经七岁了。这天他放牛回来，见到了河边洗衣回来的阿青姑娘。

　　阿青对他说道："思邈，那个村西口的塾师，就是经常拿着棍子要打你的那个坏家伙，前晚喝醉了酒，跌到沟里摔死了，真是恶人有恶报啊。如今新聘了个塾师，性子温和多了，你不妨再去旁听一下，看还赶不赶你走。"

小思邈听了，兴奋异常。第二天一早，他就来到那家私塾旁，悄悄躲在草丛中，听新来的先生给学童们讲课。

只见这位新来的先生三十来岁，看上去比原来那个花白胡子的老塾师年轻多了，只见他提笔在麻纸上写了一行大字，然后提起来给大家看，向前排第二个胖胖的小孩问道："你来读一读，声音大点。"

孙思邈看时，只见上面写的是《论语》中的一句话：季康子问政于孔子曰："如杀无道，以就有道，何如？"

只听那胖胖的学童站起身来，怔怔地只是摇头，显然是不会。

那先生叹了口气，又唤起后排一个个高的学童，那学童紧张到额头冒汗，结结巴巴地念道："李麻子……"

"哈哈！"窗外传来一阵清脆的笑声，正是孙思邈。那先生不禁一怔，心想这小牧童竟然能知道错谬而发笑，也是一件奇事。孙思邈知道暴露了行迹，正欲逃走，那先生赶了出来，毕竟大人腿脚快，当下将他扯住，带到了塾中。

那先生温言说道："你不用怕，刚才你为何发笑？"

孙思邈定了定神，说道："这是《论语》中的话，说的是季康子，他却读成李麻子，真是太好笑了。"

那先生道："那你读一下这行字。"

孙思邈十分流利地读了出来，一字不错，先生奇道："这些字都是谁教你的？你原来在哪里读书？"

"是我母亲教我的，我并没有进过私塾，以前这里的先生不允许我旁听。"

先生叹了口气说："世道真是不公，你这样聪明的孩童却不能好好读书，实在是暴殄天物啊！这样吧，以后你就到我这里读书，不收你学费。"

"真的吗？"孙思邈喜出望外，慌忙给先生跪下行礼。

那先生让孙思邈起身后，又问道："你叫什么名字，令堂知书达礼，想必令尊也是一方人物，如今不在你们母子身边，想是宦游四方？"

孙思邈虽然没听懂"宦游"两字，但却知道"令尊"一词是问他父亲的情况，于是答道："我叫孙思邈，家父名讳上孝下冰，不幸早逝。"

"孙孝冰？令尊可是做过县令？令堂可是姓雷？"

见孙思邈点头，那先生道："我姓许，令尊当县令时，我曾任主簿之职，也算是故交了，不想八年前一别之后，竟然阴阳相隔了。既是故人之子，那我更要尽一下人情了。"

2

于是孙思邈便在这位许先生的指导之下，熟读了四书五经，他认字多了，学问深了，就自己读完了《老子》《庄子》《黄帝内经》及《史记》《汉书》等书。

光阴似箭，日月如梭，这几年江南动荡不安，叛将侯景作乱，将南朝的梁武帝俘获后囚于台城。江南纷乱不休，尸骨狼藉，加上江南连年旱蝗灾害，草根树叶都给吃得精光，百姓四处逃亡，出现白骨成堆的惨景。北方也不太平，权臣高洋逼东魏孝静帝禅位，自己登基称帝，改国号为"齐"。

孙思邈的家乡，倒是相对安宁。只是许先生新谋了一个司仓的职位，在华原县城中管粮仓、租税等事。这乡间的私塾实在是忙不过来，他见孙思邈聪明过人，这些年饱读诗书，而且已从一个黄口小儿长成一个头角峥嵘的少年郎。于是便经常请孙思邈来主持塾中之事，教授学童，实际上是让他充任了塾师之职。现在，孙思邈已是四邻八乡都知晓的知名人物了，人们都唤他为"孙小先生"。

那位酒后摔死的老塾师有个兄弟，虽然也识得几个字，但写文章白字连篇，品行也极为败坏，经常酗酒生事，因此人们给他取了个外号，叫他"老癫子"。

这天中午，日和风暖，天上有白云朵朵，遮得日光不燥，很是怡人。孙思邈便让学童们把席子铺在了院中，就在外面研习诵读。不少田间的耕夫，正值午间歇息之时，听得书声琅琅，都围过来观看。他们虽然不懂学问，但见孙思邈这样一个十一二岁的少年，竟然有模有样地教书，口中所诵，极为流利，并不亚于那些饱学宿儒，不禁大为惊讶，十分敬佩。

岂知这时那"老癞子"提着一个酒瓶，醉醺醺地过来，一脚就踢翻了孙思邈几案上的笔砚，口中骂道："小兔崽子，也敢充当先生！"

孙思邈却不急不躁，正色问道："这位老伯，你为何踢翻我的笔砚？你也是读过书的人，难道不懂得尊重别人吗？"

那"老癞子"喷着酒气说道："我来考考你，《孟子》所说的'君臣有义，夫妇有别'，下两句是什么？"

孙思邈慨然答道："乃是'长幼有序，朋友有信'。"

"老癞子"得意地嚷道："是吧，长幼有序，你一个乳臭未干的小小孩童，怎么能有资格来充当教书的先生，教人家读圣贤之书呢？起码得像老夫这个年纪，才有资格充任塾师才是。"说罢，还洋洋得意地拍了拍自己的胸脯。

　　孙思邈听他有倚老卖老之意，当下就驳斥道："有志不在年高，无志空活百岁。想当年孔圣这样的大德贤人，尚且不惜降尊纡贵，请教莒国一位七岁的神童项橐。更有甘罗十二岁的年纪，得拜宰相，号令百官。思邈虽不才，却也年已十四岁，且饱读经书，在此权充塾师，教授子弟，又有何不可？"

　　孙思邈说得有理有据，不卑不亢。"老癞子"张口结舌，一时找不出什么道理来反驳，就转口恶毒地咒骂道："哼，没有家教的小东西！"

　　孙思邈虽然性子温和，但听他出口伤人，当下也忍不住反唇相讥道："孔夫子所说的'老而不死是为贼'就是指的你这种人！"

　　一边看热闹的乡农，素来都十分鄙视"老癞子"的为人，听得此语，都纷纷相助孙思邈："对，这老家伙就是个老贼！"

　　"老不死的狗东西，前两天还偷我地里的瓜呢！"

　　"狗东西那天在道上拦住周家小姑娘，捏人家脸蛋，吓得人家姑娘直哭，幸好我碰上后，吆喝了两声，这老狗才灰溜溜地跑了。"

"什么?！有这等事，周家小姑娘是俺侄女，老子要打这狗东西!"

眼见大伙气势汹汹，揎拳捋袖，就要上前来揪打自己，"老癫子"拔腿就跑，不想一只鞋子让荆条给挂掉了，就这样光着一只脚，像癞皮狗般跑远了，惹得众人哄堂大笑。

经此一事后，孙思邈的名气更大了，人们四处传扬，说华原县孙家塬出了个见识不凡的少年英才。

3

这天，华原城中一片忙碌。原来县令刚得到消息，大将军独孤信要来巡视了。要知道这独孤信官拜柱国大将军、尚书令，乃是朝中一等一的重臣，如今他来巡视此处，小小的华原县令哪里敢有半点轻忽?

当下，这县令命人净水泼街，黄土垫道，处处张灯结彩，又在城门口摆下香案，做好一切迎候大驾的准备。天还没亮，县令就带一班随从早早地在城门口等候。

待得日上三竿，只见先来了一队铁甲骑兵，四下巡查了一番，又登上城楼，替换了原来县中的这些守卫。约莫又过了两个时辰，独孤信的车驾这才姗姗来迟。

那县令慌忙迎上前去，在车前跪倒叩头。侍女卷起车帘，独孤信微微点头。县令忙令迎接的乐手们大吹大擂，一时鼓乐齐鸣，将独孤信迎进了县衙之中。

那县令打听得独孤大将军乃是云中郡人（今内蒙古自治区托克托县），想必爱吃羊肉，于是事前准备了几十只肥羊，嘱咐厨人，或烹或烤，或煎或蒸，务必要鲜美可口。

开席之后，酒过三巡，那县令满脸堆笑，赔着小心说道："大将军，小县地狭民穷，物产不丰，但还是有些薄礼献于将军，还请笑纳。"

说罢，他一挥手，早有十多名衙役抬上来十几箱礼物。打开一看，果然是琳琅满目，有和田的白玉，江南的刺绣，天竺的香料，还有一尺高的纯金佛像，檀香木刻的十八罗汉，以及虎皮鹿角人参等物。

哪知独孤信却是脸色一沉，指着那尊金佛问道："这尊佛，可是你自己所铸？"

"这个……"县令一时摸不着头脑，不知如何回答才好。

独孤信又拿起一匹绸缎，责问道："这匹绸缎可是你亲手所织？"

那县令头上冷汗涔涔："将军说笑了，下官是个粗老爷们，哪里会织锦呢。"

独孤信一拂袍袖，愤然说道："既然这些礼品都并非你做的，那你无非是将这些物品从民间搜刮而来，却送来给我，作为你的功绩，换得我的欢心，好加官进爵是不是？"

那县令不敢抬头看独孤信脸色，但听他言辞冷峻严厉，当下双腿一软，跪在了地上，心想："不知何处得罪了这独孤将军，今天可是大祸临头了！"只吓得他浑身软瘫，抖个不停。

独孤信见他吓成这样，当下倒是笑了，语气转和，说道："要知道，这些珍宝财物，并不能守土强兵，要想保境安民，国家重器还是难得的贤才。身为地方官，不能只会搜罗金银财宝，而是要多多留心，为国家举荐人才。当年萧何月下追韩信，乃有汉室江山；刘备三顾茅庐，请来诸葛孔明，才有三分天下。如今天下纷争，正是用人之际，我且问你，华原城中，可有贤达俊杰之辈？"

那县令平时并没留心这些，被独孤信这么一问，有些发蒙，情急之下，忽然想起何神仙来，于是说道："将军既然问起华原的贤达，属下倒知道一个人物，此人外号'何神仙'，年过百岁有余，精通医药，想必有养生之术、长命仙方，将军要是有意召见他，属下这就去传。"

独孤信听了，将信将疑，当下挥手道："那就让他过来，见上一见。"

听了吩咐，那县令火速派人把那济世坊的何神仙请了过来。何神仙听得朝中重臣柱国大将军召见，慌得连滚带爬地上了车，连拐杖也忘了带。

来到堂上，何神仙恭恭敬敬地给独孤信行了礼，又捧起一个黄绸锦盒，说道："将军在上，这里是小民从长白山得来的千年人参，特来敬献将军。"

独孤信却上上下下仔细打量了何神仙半晌，瞧得他心中发毛。他忽然问道："老人家今年高寿？"

何神仙抚着银须，得意地说："小民痴活一百零六岁了。"

哪知独孤信劈头问道："你可是四十年前曾在长安城住过？你父亲也是行医之人，叫何泰是不是？"

何神仙当下愕然，应道："将军所言，一点不错。"

独孤信冷笑一声，说道："四十年前，你父亲在长安误用虎狼之药，医死了李尚书之后就落荒而逃。当时你父亲刚刚五十岁，现在不过九十岁而已，你如何能有一百零六岁？"

那何神仙吓得"扑通"一声跪倒："将军明鉴，小人今年只有六十一岁而已。"

独孤信站起身来，叱道："我当年虽然才十岁左右，但你们父子的形貌，却是深记于心，所以你骗得了这里的人，却骗不了我，你到底为何欺瞒世人，诈称百岁？"

那何神仙浑身发抖，喃喃说道："百姓瞧病，往往信任医家中年高多寿者，于是我就假称百岁，也是为了多卖点草药，混口饭吃，实在并无他意……"

独孤信走上前来，一把扯掉他下颌的一撮白须，斥道："你欺世盗名，本当重责，念你年纪也算不小，就饶了你杖责之刑。来人，将这个老骗子头发胡须都给我剃光，然后赶出城去！"

刚把何神仙轰走，只听得"咕咚"一声，独孤信转头一看，却见那华原县令栽倒在地，已是人事不省。原来此人见他举荐的何神仙被独孤将军当场识破，情急之下，热血上涌，吓得晕死过去了。

县丞慌忙派人将县令抬了下去，一时间大家都不知道说什么才好，宴席中的气氛十分尴尬。

隔了一会儿，只听县丞小心翼翼地说道："将军思贤若渴，有周公吐哺之风，我听身为仓曹的许先生说，他有一弟子，年方十四，已是熟读六经，下笔千言，堪称神俊少年，将军可有兴致招来相见？"

独孤信挥手道："好吧，招来一见，但愿不是徒有虚名就好。"

过了半晌，酒宴已罢。独孤信又点检了一下华原城中的户口、田地、仓储的簿册，出了县衙，就要返回长安。

刚要上马，只见县丞过来，赔着小心道："那个少年过来了，将军还要不要见上一面？"

独孤信迟疑了一下，说道："天色不早，我还要赶回长安城，但既然来了，那就见一眼罢，只是要快些。"说着，一边翻身上马。

只见这位少年虽然面带稚气，却是丰神俊朗，在马前施礼后，朗声说道："孙思邈参见独孤大将军，昔闻侧帽之风采，今睹垂鞭之威仪，实乃三生之幸事。"

原来，这独孤将军年轻时是个风度翩翩的美男子，有一天，他出城打猎，因为追一只猎物而耽误了时间。不觉快到了关城门的时候了，于是他慌慌忙忙地赶到城门口，头上的帽子没有戴好，已经歪了，也没有注意，可没想到，第二天，发现城里好多人故意把帽子戴歪，一打听，才知道原来有人瞧见独孤信歪戴着帽子，别有一种风流潇洒的韵致，于是纷纷效仿。这就是"侧帽"一典的由来。

独孤信见孙思邈出言不俗，谈吐文雅，不禁大生好感，于是问道："看你小小年纪，都读了哪些书了？"

孙思邈答道："学生等读过四书五经、老庄、《史记》，以及《黄帝内经》等。"

独孤信笑问："你既然已经博古通今，且说说你心中，最景仰哪位古人？"

孙思邈答道："古之贤人，灿若星斗，数不胜数。但以思邈之情性，最佩服两个人。以思邈愚钝之才，或许此生也达不到这两位贤人的高度，但心中却十分向往。"

独孤信奇道："但不知是哪两个人？"

"是葛仙翁和陶弘景。"孙思邈朗声答道。

独孤信不觉一怔：这两位都是栖身方外的隐士高人，葛仙翁乃是葛洪，两百多年前的一位得道高人，以神仙方药闻名于世。陶弘景并非古人，离世不过二十来年，他也是闭门不仕，寻药炼丹。一

独孤信见孙思邈出言不俗，谈吐文雅，不禁大生好感，于是问道："看你小小年纪，都读了哪些书了？"

般的少年，都以将相为榜样，而这位少年，小小年纪，却中意这两位隐世之人，也算是一件奇事。

独孤信当下又追问道："那你可曾读过兵书？像《孙子兵法》《六韬》《三略》之属？"

孙思邈却摇头道："老子曾说：'夫佳兵者，不祥之器，物之恶也。'学生只愿济世救人，不愿学这些杀伐之术。"

独孤信奇道："那你觉得什么书最值得读？经书还是史书？"

孙思邈侃侃而谈："学生所见，与世人有所不同，我觉得最值得研习的，就是医书。一个人学了医术，上可以疗君亲之疾，下可以救贫贱之厄，还可以自己保身养生。而富贵荣华，又怎么能抵得上身命？正所谓皮之不存，毛将焉附？现在有好多人得了病后，只能把性命托付给庸医，一旦身殒神灭，则功业富贵，又从何谈起？"

独孤信听了，心中暗暗称奇，觉得这位少年实在是与众不同，他小小年纪，在自己面前从容不迫，对答如流，而且还有自己的独到见解，实在算得上是一位异才。只不过他立志学医，不喜欢权谋兵法，自己帐下暂时也用他不着。于是看了一下左右，感慨说："这位少年，实在是了不起啊！称为圣童也不为过，只可惜他的志向太大了，实在是器大难为用啊！"

说罢，独孤信拍了拍孙思邈的肩膀，然后就打马而去了。

4

眼见独孤将军极口夸赞了一番孙思邈，华原县丞以下诸人无不欣悦，心想总算挽回了一些面子。要不是孙思邈，华原县的印象在独孤将军心中肯定是糟得不能再糟了，到时候县中大小官吏，个个都难逃处分。

然而，孙思邈的老师许先生却大为不悦，他在孙思邈答话时，就暗暗焦急，只是不敢插嘴。这时急步走过来对孙思邈说道："唉，你怎么这样回答独孤将军的询问呢？你张口就是崇仰那些隐士，学什么医书，让将军怎么能重用你啊！你看当年的诸葛孔明，张口就是崇仰管仲乐毅，你要是那样说，说不定独孤将军马上就带你去了长安城，在他的帐下效力，以后富贵荣华，不可限量。唉！"

见师父许先生跌足叹息，孙思邈却坦然说道："学生确实志不在此，不能有违本心，欺蒙独孤将军。"

许先生一拂袍袖，愤愤地说："罢了！罢了！"就转身走开了。

孙思邈望着师父远去的背影，心中很不是滋味，自己难道是错了吗？他一时也迷茫起来。

两年过去了。有一天，许先生突然跑到私塾中，将孙思邈唤出来上气不接下气地说道："思邈，长安城中出大事了，独孤将军死了！"

孙思邈听了，心中也是一惊，忙问道："师父，到底是怎么一回事？"

"去年改了国号，大魏变成了大周，你知道吧？"许先生抹了一把额头上的汗，坐下来说道。

孙思邈质疑说："这事天下皆知，但大周不正是宇文氏所建，宇文泰和独孤将军是亲家，独孤将军的女儿不是嫁给宇文家做媳妇了吗？"

许先生一拍大腿："祸事正是由此而起，这宇文泰的大儿子叫宇文毓，是庶出，娶了独孤将军的长女为妻，而朝中的权臣宇文护想拥立出身嫡母的宇文觉，所以对独孤将军极为忌惮，于是他们就捏造了个罪名，逼独孤将军在家中自尽了！"

听了这些波诡云谲的权谋争斗后，孙思邈也是叹惋不已。许先生感慨道："当年我责怪你没有追随独孤将军，现在看来，还是你的见识更高明一些，要是你现在是独孤将军手下的人，恐怕也要大祸临头，危如累卵了。"

孙思邈听了，也是暗暗心惊。自此以后，更加坚定了不走仕途的决心，他立志学医，治病救人，泽及苍生，这才是他平生的志向。

这一年，他刚好是十八岁。

苦学医术

1

自从立下学医的志向后，孙思邈辞去了乡塾中授课的职位，四处收集购买誊抄医书。然而，当时印刷技术极不发达，而且有些医方，很多医家秘不示人。孙思邈很是苦恼，他早就听说过东汉张仲景著有《伤寒杂病论》一书，但就是遍寻不着，连长安城中也没有。

好在孙思邈手头上有一本残缺的《神农本草经》，这本只有《上经》和《中经》部分，他生怕再丢失损坏，于是亲手誊录了两个副本，每日熟读。

看来看去，孙思邈忽然想道：如今自己不再教私塾，家中虽有几亩薄田，但租税极重，难以养家糊口。想那磬玉山上草木繁盛，必有一些《神农本草经》中所记载的药材，我何不上山采药，一是可以更熟悉这些药草的样子，二是采得草药卖到药铺中贴补家用，岂不是一举两得？

想到这里，孙思邈背起一个竹编的箩筐，带了一卷长绳，就要出门。母亲问道："儿子，你这是做什么去？"

孙思邈答道："儿子去磬玉山转转，看看有什么药材，采来卖给药铺。"

雷氏叹道："唉，想不到我们孙家沦落到这般田地！上山采药，都是没办法的药农才做的事情。山中多有毒虫猛兽，孩儿你可要当心啊！"

孙思邈挥了挥手中的柴刀，对母亲说道："母亲放心，孩儿如今长大了，再不是当年那个多病孩童了。就算有老虎，孩儿也剥了它的虎皮，拿回来给母亲当褥子。"

雷氏嗔道："可不许胡说八道，老虎都是山神爷的护卫，你上山之前，一定要拜过山神才行。"

孙思邈虽然不信此说，但为了安慰母亲，当下说道："孩儿刚才是说笑话，这次特意带了香烛，路过山神庙时，一定去拜山神。"

雷氏千叮咛万嘱咐，又拿出干粮让孙思邈带着。

2

磬玉山并不太远，离孙思邈的家不过数里之遥，此处有五峰环拱，高下错落，因此有人称其为"五台山"。此处怪石崚嶒，松桧茂密，杂草野花遍地都是。山中所产青石，敲击有美玉的声音，加以磨制后，可作为进贡朝廷的玉磬。因此，后来又命名为磬玉山。

时值金秋，碧空如洗，山中的林子里，空气格外清新，由于前两天刚下过一阵连绵细雨，溪谷中流水潺潺，水边的红蓼白茅，在风中摇曳。望着那萧萧而落的金黄色树叶，孙思邈不禁大感心旷神怡，一边快步行走，一边高咏魏文帝的《燕歌行》："秋风萧瑟天气凉，草木摇落露为霜。群燕辞归雁南翔，念君客游思断肠……"

正兴冲冲地走着，突然山路上下来一个老汉，也背着一个大箩筐，此人头发半秃，胡子花白，脸上满是皱纹，恰似那山岭之间的沟壑一般，一看就是饱经风霜之人。

他上下打量了一下孙思邈，开口问道："这位后生，你背着箩筐上山做甚？难道也来山上采药不成？"

孙思邈说道："老伯说的是，晚辈初次上山，想采些药材，还望老伯多多指点。"

那老汉见他谦逊有礼，于是就坐在山道旁的一块平坦的大石之上，解了背上的箩筐，对他说道："你来的不是时候，已经晚了，这座山上，其他的药材不多，就是当归还值点钱。不过这几天四面八方的药客都采得差不多了，你看我到山上，找了半天，才找到这么点儿。"

说罢，他把筐里采到的当归拿了出来。孙思邈只见这些当归头大尾粗，细叶蚕头，当下说道："我见医书上说，当归以头圆尾多，色紫气香肥润者为上，而色白坚枯者为下，老伯所采这些，似非上品。"

那老汉听了，举起拇指夸赞道："你这后生还知道得不少，我听不懂你那文绉绉的话，反正祖辈相传，就是颜色像紫葡萄，带着香味儿，捏捏像小娃娃的脸蛋软乎乎的，就能卖上好价钱。我这次采的这些，颜色像白萝卜，捏捏像老汉我的手指一般，就是不值钱的货。"

孙思邈看时，只见采药老汉的手，长着厚厚的茧子，指肚上仿佛扣了个肥硕的甲虫壳，粗糙的皮肤黑乎乎的，像老树皮似的。

采药老汉见孙思邈有惊讶之态，当下说道："采药这行不好干啊，不但我这一双手成了这样，而且为了采一些珍异的药材，去攀登绝壁悬崖，不慎摔伤摔死的也大有人在。我认识的几个药农，刘老二和牛老五前几年都摔死了，胡三摔断了腰，瘫痪在床，成了废人。瞧你细皮嫩肉的，像个秀才模样，恐怕做不了这一行啊。"

眼见孙思邈不听他的劝，执意要上山，他又说道："不是我骗你，山上能卖上价钱的药材几乎都没了，去了也白搭，有这功夫，不如做点别的。"

孙思邈却道："就算当归没有了，但松脂、槐实、榆皮、酸枣这些总有吧？"

采药老汉哂道："这些东西，你就是采上一大车，也不怎么值钱！"

孙思邈摇头道："我来采药，并非只为卖钱，而是观其形状，验其药性，以便开方治病。每种药有每种药的功效，岂能只看贵贱？黄金白玉值钱，难道你得了风寒咳嗽，就嚼黄金吞白玉吗？"

采药老汉一怔，一时想不出什么理由来反驳，当下说道："这些俺不懂，俺就知道采药换钱，填饱肚子。"说罢，他就背起箩筐，下山去了。

果然如那老汉所说，山上像当归、黄精、何首乌之类的珍贵药材，早已挖净，有一些石斛，生在非常陡峭的山崖上，孙思邈也只能望崖兴叹，只好采了一些诸如车前子、酸枣、卷柏、黄连、菖蒲、菟丝子等物。

回到家中，洗好晾晒之后，就带到华原城中的济世坊来。

3

　　且说那何神仙，被独孤将军一通羞辱之后，颜面扫地，无法在城中立足，就将店铺房产转让他人，不知跑到何处去了。现在是一个姓华的医师在经营。

　　这位姓华的医师，对外宣称是神医华佗的十七代孙，引得四邻八乡的病人都慕名而来，生意倒还兴隆。

　　孙思邈背着药筐来到济世坊中，店中的伙计在他的筐里胡乱翻看了一下，当下喧道："你这些烂草根，也想卖钱？"

　　孙思邈早有准备，当下说道："我这些都是药材，你看有酸枣、卷柏、黄连、菖蒲，而且都已经洗拣晾晒齐备，还是收下吧，价钱嘛，看着给就行，绝不争价。"

　　店伙计听他如此说，就冷冷地道："你这些东西，我们最多给你三十文钱，而且这些菖蒲，得切碎才行。"

　　孙思邈满口答应，当下用药铺中的铡刀将菖蒲细细切碎，又帮着那伙计碾好了不少药材。店伙计见他做事勤快，又不要工钱，当下心中欢喜，于是每次见了孙思邈过来，就由他在店中逗留，有时还给他几个饼子当午饭。

哪知孙思邈志不在此，他来这里，是想看华医师如何诊治病人，如何开方配药。孙思邈前段时间虽然通读了《黄帝内经》《神农本草经》等诸多医书，但毕竟没有经过实践，没有亲眼看过诊脉、针灸、煎药、制丸等过程，因此，孙思邈异常勤勉、不计报酬地在此帮工，主要是为了学习医术。

以孙思邈的聪明才智，半年多的时间下来，水平已经大有长进。而且他发现这位华医师，其实学识并不深厚，连《黄帝内经》也没能通读，有时开药后碰巧治好了，就大吹大擂，四处宣扬。而治不好的病，就编一些宿孽缠身、冤鬼作祟的理由来搪塞。

一日，这位华医师饮酒过量，头晕呕吐，他到后堂睡倒，嘱咐伙计们：但有求医者来，就说去长安城中出诊了，让他们今日不必再等。他不愿伙计们闲着白拿工钱，就让伙计们在店中盘货结账。

春阳煦暖，柳花纷飞，孙思邈打着算盘，忙着点检库存的药材，额头上渗出细细的汗珠，他走出门去，脱下外衣，搭在屋前那棵柳树的斜枝上。

正在此刻，忽听前面人声喧闹，有人叫道："不得了啊，出人命了！"只见一伙人抬着一个门板，白布下盖着一个人，直奔医馆而来。

店中的大伙计迎上去，说道："诸位来得实在不巧，馆主华医师到长安城问诊去了，你们快寻别家吧！"

那伙人中挤出一个男子，对那伙计长揖到地，恳求道："小哥行行好，我家娘子因为和我怄气，一眼没看到，就悬梁上吊了。可是现在身体还温和着呢，快救救她吧！我有两个孩子，其中一个还在吃奶呢！"

那伙计虽见情况紧急，但他一向听华医师的话，加上这个病人救不救得活，恐怕也难说。要是救不成，还会有损医馆的名声，于是他坚定地摇头说道："华医师确实不在，我也爱莫能助啊！"

孙思邈见此情景，突然想起自己曾经在一本残破的无名医书上看过一个方子，当下说道："大家别慌，且让我来试试！"

那女人的丈夫见孙思邈年纪轻轻，又穿着一身短衣，显是佣保之徒，当下疑虑道："你也晓得医术吗？"

孙思邈急道："救治上吊的病人，可一刻耽误不得，若是转诊他处，性命危矣！"当下无暇和他多说，吩咐这些人道："快去找一个竹筒来，不须太长，一尺就可，务必通透！"又对店里伙计说："取两枚银针来！"大家见孙思邈吩咐得有条不紊，言语中透出一种沉稳干练的气质，不由得都依他的吩咐行事。

揭开白布，只见这名年轻女子面色苍白，牙关紧闭，孙思邈先用银针刺其人中，不见有反应。于是又撕下衣襟，堵住这女子的双耳，拿来从旁边杂货店找的竹筒，用小木片撬开这女子的牙关，将竹筒塞入她的口中，然后从竹筒口处用力往里吹气。吹了一阵，还是不见有反应，孙思邈已累得不行，他转头见其中一个汉子身材魁梧，于是拽他过来说："你力大气足，赶快过来替我，往这竹筒里吹气，快快！"

换了这个汉子吹了一阵后，又让上吊女子的丈夫用力吹气，过了有一盏茶的功夫，只听那女子"噫"了一声，有气从竹筒出来。孙思邈喜道："好了，好了，不用再吹了！"说罢，就将竹筒取出，抛在了一边。

只见那女子口中"嘤嘤"有声，胸脯开始一起一伏地呼吸，过不多会儿，眼睛也睁开了。

> 注：以上病例改编自《千金方》中的"治自缢死"方："……以物塞两耳，竹筒纳口中，使两人痛吹之，塞口旁无令气得出，半日得噫，噫即勿吹也。"

大家又是惊讶，又是欢喜，那女子的丈夫更是对孙思邈千恩万谢。就在此时，喧闹声惊动了华医师，他问清事情原委后，忙悄悄地招手将孙思邈叫到了后堂。

那华医师问道："你这法儿和谁学的？你在我医馆中徘徊多日，难道是想偷学医术不成？"

孙思邈答道:"这法儿是我从一本残破的古医书中看到的,我在医馆逗留,确实是想多见识一下药材和医方,还请华医师海涵。"

那华医师和孙思邈聊了几句,觉得孙思邈所读的医书极多,而且记性极好,对于医书中的条目记得清清楚楚,实在是一个难得的人才。他眼珠转了几转,心中盘算:"此人聪明绝顶,小小年纪就博览群书,如此下去,很可能会成为一代名医,到时候抢了我的名头和生意,可是极为不妙,不如收之为徒。"

想到这里,华医师开口道:"你既然有心学医,那我就收你为徒,但此后的一切都要听我吩咐,没我的许可,不得随便行医,更不得改学他人的医术,可听明白了?"

他要是早上几个月说这番话,孙思邈说不定就欣然应诺,但这几个月下来,他悄悄观察,发现这华医师也是个招摇撞骗之徒。像之前有一病人,患咳嗽之症良久,服了华医师的方药之后,全不济事,孙思邈悄悄将配药换成了当年那道士给自己留下的射干麻黄汤后,不到一个月,就完全治愈了。

因此孙思邈觉得，这华医师的处方，也未必就全对。如果拜到他的门下，行医的条件是有了，但是从此不得自行钻研医书，四处收集药方，那岂不是等于被缚住了手脚？

想到这里，孙思邈摇了摇头说："医学之道，无穷无尽，世上但有强于我们的，为什么不向他们学习？无论是皇家秘方，还是民间野方，无论是上古神方，还是西夷偏方，只要能治好病，就可以为我所用，为什么不能学他人的医术？"

华医师拍案大怒："做了我的徒弟，就不能乱学那种偏门野方！我看你也不是什么贤良之辈，满肚子的邪僻勾当，你还是给我滚蛋吧，从此不得踏入我的医馆一步！"

孙思邈见他如此固执，就更不愿意认他为师，于是取了自己的包裹，大踏步地离开了这里。

4

孙思邈回到乡里，一边四处采集药材，一边为乡民治病。王家大婶吃了饭就吐，眼看要不行了，孙思邈让她试服"大黄甘草汤"，用大黄四两，甘草二两，加水三升，煎成一升半，分两次服用，结果完全好了；杜家老伯这半月一直小便带血，日渐消瘦，孙思邈用生地黄、柏叶、黄芩、阿胶给他治疗，没过半个月，也已经痊愈。一时间四邻八乡的村民，都夸孙思邈的医术比城中的大夫还要好，有个头疼脑热什么的，都来找孙思邈瞧病。

这些年，北周和北齐之间征战不休，朝廷经常派差役到乡里征发民夫和戍卒，但里正为了村里人方便医病，每次都将孙思邈剔出名录之外。

这一天，村西头的吴老伯推石碾时伤了腰，动弹不得，于是他的儿子请孙思邈上门去诊治。孙思邈带了针囊和一些草药，来到吴老伯所住的那三间茅屋之内，吴家的窑洞，在前不久的一场大雨中坍塌，所以临时搭了这三间茅草屋来暂住。

只见吴老伯趴在席子上，不停地呻吟，根本起不来身。孙思邈照古医书上的方法，给他针灸委中穴和阳跷穴，一边治疗一边问他是否有酸麻等感觉。哪知忙乎了半天，吴老伯却摇头说："大

只见吴老伯趴在席子上，不停地呻吟，根本起不来身。

侄子，还是不成啊，你忙乎了半天，也没觉得怎么样啊！"

孙思邈不禁困惑起来："记得前不久，给邻村的周大爷治腰伤，也是这样施针的，怎么他就管用，这吴老伯就不管用了？是这位老伯的皮肤太过粗糙厚重，施针的力度不够？"

想到这里，他就略加了力度，但是虽然刺出了血，还是没有起到应有的效果。

孙思邈当下又想："难道是我认穴不准？"于是他略微偏了一些位置，一边用手指用力压按，一边问道："吴老伯，这个地方有感觉吗？有没有酸麻胀痛的感觉？是不是能觉得腰舒服一点？"

找了好几个穴位的位置，吴老伯都一直摇头，终于在到腰部中间往下一个地方时，吴老伯突然叫道："阿是！阿是！"

孙思邈不禁大为困惑，这里离医书上标注的穴位距离太远，但为什么吴老伯偏偏就觉得这里有感觉呢？当下他来不及多想，就按照吴老伯所说的位置扎针灸艾。如此这般治疗了一番后，吴老伯觉得腰不怎么疼了，竟然可以翻身站起，挂上一根木杖，自己能走路了。

　　吴家父子千恩万谢，奈何家里没有什么值钱的东西，吴老伯嚷着让自己的儿子去拿刚摘的那几个瓜，要送给孙思邈作为酬谢。孙思邈见他家里的生活如此艰难，坚辞不收。

　　出了吴家的门口，又碰到几个乡亲，这个说腹胀积食难消，那个说伤风咳嗽不止，甚至有的老乡连猪牛有病，也央求孙思邈去瞧一瞧。孙思邈来者不拒，都一一想办法予以治疗和解答，不觉已是昏鸦噪日，暮云四合。

　　回到自己家中，孙思邈点起油灯，忙着在纸上记录一天中行医的心得，他从吴老伯这一病例中得到启发：虽然前人医书上记载有诸般经脉和穴位，但治病之时，倘若针刺某一处的效果，和针灸穴位处的效果相当，那又何必墨守成规，食古不化？就将此处当作穴位便是了。那这个"穴位"怎么叫呢？想那吴老伯口中答道"阿是，阿是"，就命名为"阿是穴"吧！

造福乡邻

1

　　孙思邈在油灯下忙着誊录医案，不觉腹中十分饥饿，看了一下锅台，里面还有小半锅早上剩下的粥饭，他懒得烧火再热一下，就用碗盛了，就着陶罐里腌好的醋芹，狼吞虎咽，吃了个一干二净。

　　吃完粥，累了整整一天的孙思邈倒在席上睡去了。哪想到睡到半夜，肚子就翻江倒海一般地绞痛起来，然后就是止不住地腹泻。一开始如鱼脑一般的浓白，然后就变成赤色，带有脓血。这一晚，孙思邈跑了不下百余回茅厕，直泄得他眼冒金星，脚下如踩了棉花一般。后来实在没力气了，也顾不得臭味难闻，就取来一个木桶，充作马桶使用。

因为怕惊扰了母亲，孙思邈并没声张，直到天色大亮，母亲过来看他时才知晓。雷氏看到儿子脸色惨白，浑身无力，大惊失色地说："我儿啊，你父亲就是患痢疾去世的，好像就是你这个岁数！天啊，这可怎么好啊！你要有个三长两短，我可真不愿再活了！"

说着，雷氏夫人就落下泪来。

孙思邈勉强挤出笑容说道："娘，不必担心，儿现在也算是'名医'了，熟读天下医书。这痢疾并非绝症，只要不下错药，很快就能痊愈的。"

孙思邈翻了一下医书，然后找出了乌梅、黄连、苦参、橘皮等药材，煎好后服下。刚服时略略好了些，但隔了一宿，肚子又难受起来，还是不断腹泻。母亲更加焦急，孙思邈也困惑起来。

"难道是医书上的记载有错？"孙思邈强撑病体，又遍览各种医书。他实在太疲惫了，看上一小会儿，就要闭上眼歇上半天。找到半夜，他终于明白，这痢疾有冷痢和热痢之分，自己的症状应该是冷痢，而之前一直按热痢来治了。

看到这里，孙思邈心中一喜，当下又翻了下医书上记载的药方，结果却发现要用大黄、桂心、附子、干姜、人参等药材。孙思邈苦笑了一下，自己家贫如洗，哪有人参这样贵重的药材？于是又细细翻阅，发现诸多药方中，都有人参这一味。

孙思邈叹息一番，正踌躇间，突然又想："人参的药性味甘，微温，无毒，主补五脏，那是不是可以换其他功效相仿的药材来替代呢？当归虽然效用不及人参，但也有补五脏之效，是不是可以用它来替代呢？"

想到这里，孙思邈于是找来黄连、干姜、当归等药材，煎成了汤药，服下后就倒在榻上睡去，结果这一觉就睡到了第二天正午。下痢止住了，人也有了精神，喝了两碗稀粥后，越发有了力气。

孙思邈欣喜不已，不仅仅是因为自己的病有所起色，更重要的是他明白了一些行医的道理：一定要对症下药，同样的病人，有强有弱，有冷症和热症，不能一概而论；二是可以变通药方，不见得非得是前人古方，可以根据情况，依据药性自行调整药材，这样才能便捷有效。

2

服药三天后，孙思邈已完全恢复了健康。后来他又患过两次痢疾，都是自己琢磨着医好的。从此，孙思邈成了治痢的专家圣手，方圆百里的病人，都赶过来请孙思邈来治痢疾。

因为当年卫生条件极差，所以得痢疾的病人很多，也有不少人因为这个病而早早地死去。孙思邈这一年间，治好了上百名痢疾病人，不少还是疑难之症。

刘财主家的大娘子，三十年下痢不断，吃的东西基本不消化，下痢或青或黄，搞得整个人瘦得跟柳条似的，但觉四肢沉重，行走都要丫鬟扶着，站立久了就要晕倒。孙思邈为她开了一方子：用蜀椒（三百枚）乌梅（一百枚）熟艾（一升）干姜（三两）赤石脂（二两），服用半月后，竟然完全好了。

胡员外身体肥胖，喜欢吃肥浓油腻的猪肉，得了痢疾后，便中赤白相杂，还有粘黑之物，一天跑无数次茅厕。有一次一位远来的贵客来访，胡员外迎进门来没有多时，就腹痛难忍，结果没来得及，就泄在了裤裆里，十分丢丑。而且这半月以来，胡员外精神不振，整天两眼发涩，像被胶粘上了一般，睁都睁不开。他不惜重金从长安请来了所谓名医不下十数人，均无明显的效果，抱着试一试的念头，才请了孙思邈来瞧。

孙思邈登门后，首先让他忌口，不能再吃大鱼大肉，连盐、酱、醋、酥、油、枣等食物也要忌吃，只吃豆豉拌饭，或者吃一些诸如苜蓿、苦苣、芜青之类的青菜。然后又开了几副药，让他服下。这胡员外遵照孙思邈的嘱咐，喝了几副药之后，虽然略轻，但却没有像其他病人一样痊愈。

于是，孙思邈又想出一个办法：既然胡员外痢中带血，肯定是肠子里有溃疡的现象，只是喝药，药力经过胃再到达肠中，就已经变得微乎其微了。再者，有一些止血的疮药，还不能直接吃到胃里，会有中毒之虞。那能不能直接往肠中给药呢？孙思邈想到当年用竹筒给自缢妇人口中吹气的事情，于是用一根竹筒从下面插入胡员外的肠道中，吹入石盐、矾石、丁香、杏仁等药物，经过这样的治疗，胡员外的痢疾没过五天，就完全好了。

经过这多半年的行医问诊，擅于钻研，不拘古人的孙思邈总结出很多的道理，这痢疾不仅有冷痢和热痢之分，还有疳痢和蛊痢。冷痢泄出来的是鱼脑一样的白色；热痢有赤血；疳痢则是赤白相杂，病人十分困倦，如睡眠发涩；蛊痢拉的多是瘀血，并非粪便。

针对这些病，如果是热痢，要多用黄连，一般不要再加干姜。冷痢则可以加上干姜，并辅以一些热性的药物。疳痢则要把药吹灌至肠道之中。

痢疾并不是太难治，就怕有些人死抗着不医，这样会越拖越严重，到后来胃气渐弱，心力俱微，药都喝不下去，就麻烦了。还有一些人，初次服用治痢疾的汤药后，腹泻的情况会加重，但这是正常现象，不能因此而停药。再就是要忌口，一切生冷酢滑，猪鸡鱼油、乳酪酥干、脯酱粉咸之物，都不能再吃，吃的东西务必熟烂，也不要吃得太饱。

3

这一天，夏日炎炎，孙思邈正在大槐树下一边乘凉，一边忙着誊抄整理关于治疗痢疾的诸般心得。突然想起当年三国时刘备给刘禅的遗诏中曾写道"朕初疾，但下痢耳，后转染他病，殆不自济"，心想这刘备当年，也是先得了痢疾，后来才诱发了其他的病症，终于一病不起，一代枭雄就此归于墟墓。倘若自己能够出手治疗的话，说不定这位蜀国先主的痢疾一样也可以治好，天下大势又要生变呢。

想到这里，孙思邈也是颇为自得。正停下来准备喝口水时，只听远处有人高声召唤。抬眼望去，只见两个人搀扶着王木匠，一步一挪地走了过来。那王木匠捂着肚子，远远地就高喊："孙郎中，我这病还有救没有？可难受死我了。"

王木匠今年约莫四十来岁，紫膛面庞，平日里很是热心，经常帮孙思邈修整家具什么的。孙思邈见王木匠捂着肚子过来，以为又是得了痢疾，当下放下手中的笔，说道："是又拉肚子了吗？这病好治，服上两副药就好了。"

不想王木匠摇头道："不是啊，我是撒不出尿来，可把我憋坏了，这小腹胀得不行，尿胞眼看要憋破了！"一边说着，一边撩开衣襟给孙思邈看。

孙思邈让他躺到日光下仔细诊看，发现王木匠不能排尿的原因，是因为他的尿道发炎肿胀，导致了阻塞。他一下子愣住了，读过的那些医书在脑海中不断检索，却没想起有哪本医书中记载过这样的病如何治。

这可怎么办呢？喝汤药肯定不行，越喝王木匠肚子越胀，万一真把膀胱胀破了，那可更麻烦了。用针灸？恐怕也不成吧。要不用银针将粘连的尿道刺通？想到这里，孙思邈拿出了长长的银针。

可王木匠见到那长长的银针闪耀着寒光，吓得连连摇手，说道："孙郎中，这可使不得，我这里是子孙根，最要命的地方，这长长的针看起来就害怕，我可受不了。不成！不成！"

陪他来的汉子是他的弟弟，对他吼道："亏你还是个男人，这点胆量也没有，你要不按孙郎中的治法，就给尿活活憋死，传出去丢不丢人？"

王木匠愁眉苦脸地说道："可要是把我的子孙根给扎坏了，我也一样没脸做人了。"

　　对孙思邈来说，这一瞬间也是转了很多个念头，自己曾经用竹筒作为工具救活了自缢的妇人，并且用竹筒往肠道里给药，治好了胡员外的痄痢，现在这个王木匠，是尿道堵塞，用粗大的竹筒肯定是不成了，那有没有什么其他的东西来替代呢？

　　他想到有时酒缸里的酒酿熟时，人们用麦管来吸吮缸中的酒浆，那用麦管可不可以呢？不行，还是太硬了些。忽然孙思邈又想起，前些天看到有一群孩童每人拿着一根葱叶，在荷塘边吸了水后，互相喷着玩，有人还喷到了孙思邈的身上，后来被父母一顿呵斥，哭丧着脸各自回家了。

　　想到这里，孙思邈脑海中灵光一闪：对了，用葱叶！葱叶比较柔软，能曲能伸，而且头部尖尖的，正好能插入病人的尿道，而且越往后端，葱管越粗，十分有利于往里面吹入足量的气体，实在是太理想不过了。

　　想到这里，孙思邈对王木匠的兄弟说道："快去，找几根大葱来！"

王木匠焦急道："孙郎中，你别忙着吃饭，先帮我想个法子啊！"

孙思邈淡然一笑，说道："我找葱来，并非是为了做饭，是为你治病啊！"

离此处约莫三百步，就有一块菜地，其中种了小葱，王木匠的兄弟拨了四五根，飞跑着给孙思邈送来。

孙思邈折下葱管，将尖尖的葱叶对准王木匠的尿道口，小心地插了进去，然后鼓起腮帮，用力地吹气。吹上几口之后，又开始吸气，反复几次后，突然一股尿液从葱管中涌出，喷了孙思邈一脸。这时候，只听王木匠呻吟了一声，接着叫道："痛快！痛快！可算撒出尿来了！"

孙思邈虽然脸上沾了不少焦黄臊臭的尿液，但心中却无比的高兴，自己发明的法子，给病人解除了痛苦，比什么都重要！这时候，王木匠冲过来，用自己的袍袖给孙思邈擦脸，又扑通一声跪倒在地，口中千恩万谢。

孙思邈说道："虽然把你的尿导出来了，但病还没有完全好，我这里有一些药，还要用葱管吹进去消一下炎。另外再给你开些药，每晚泡洗，平时要勤洗身体，勤换衣服。"

王木匠依照孙思邈的吩咐，七天功夫就完全好了，而且，再也没有犯过。孙思邈也很是高兴，在自己的医案中写道："凡尿不在胞中，为胞屈僻，津液不通，以葱叶除尖头，纳阴茎孔中深三寸，微用口吹之，胞胀，津液大通即愈。"

一时间，孙思邈的医术，远近闻名，登门求医者络绎不绝。孙思邈也一度沾沾自喜，自以为天下病症不过如此，天下良医也无出其右。

4

然而，第二年春天发生的一件事，却让孙思邈深深陷入了痛悔之中。

这一天，红日西落，斜月初升，牛羊下山，鸡栖于埘，村子里四处炊烟。孙思邈也在土灶上架了锅，熬了一锅小米饭，正盛在陶碗中准备喝呢，忽然有人唤他："孙郎中，周家姑娘让狗给咬了，你快看看吧！"

孙思邈忙放下碗，和来人一起走到村北口的周骆家。这周骆和孙思邈自小就在一起玩儿，当年去山上一起采菇淋雨的小伙伴，其中就有这个周骆。他的第一个孩子就是周姑娘，今年也有六岁多了。小姑娘长得十分水灵，人见人爱。

走到屋中，只见周姑娘正在哭泣，手臂上一道伤口正在流血。一问之下，说是傍晚时分，周姑娘在村边老柳树下捉虫子玩，突然过来一条恶狠狠的野狗，上来就咬住了她的手臂，好在父亲就在不远处，上来抡着锄头打跑了野狗，回到家来，就慌忙请孙思邈来医治。

孙思邈见姑娘的创口并不太深，当下说道："这个无妨，止血后包扎一下就好。"说罢，从药囊中拿出一些三七粉撒在伤口上，又用白布包好，然后抚着周姑娘的头说："不要害怕，这就不流血了，明日伤口就会结痂，大概七天就能好了，最晚十天。好好睡觉吧！"

这些年来，孙思邈也治疗过不少的伤损，杜老伯修窑时，从窑顶跌下，胳膊折了；许老二被一头驴子踢折了肋骨；马三因为和人争讼，在公堂上给打了板子，屁股和大腿皮开肉绽，鲜血淋漓……这些病症孙思邈都给治好了，所以他觉得周姑娘这点伤，根本算不上什么大事。

两天之后，孙思邈几乎将此事忘却了。可这天他到铜官附近的一个村子出诊回来时，却发现周姑娘的父亲周骆急匆匆地在村口等着他，一见到孙思邈，就拉住他的手说："快去看看我家女儿吧，她现在发起烧来了！"

孙思邈听了，当时也没怎么在意，因为伤口感染后发烧，也是很正常的事情，当下说道："不要担心，这也是常事，我给她开副清热的药就好。"

孙思邈匆匆回到家中，取了一些凉血退热的药丸，就跟着周骆来看周姑娘。

然而，孙思邈踏入屋门一看，就觉得很不对劲。只见周姑娘躺在席上，口中发出一种很古怪的声音，五官也扭曲变形，完全不是平日里妩媚可爱的模样，而是变得十分诡异。

周骆从水缸中舀起一瓢水，准备给女儿服药用，哪知周姑娘一听到水声响，就恐慌地叫喊起来，浑身抽搐，咽喉间也不停地痉挛，不一会就连呼吸也极为困难，脸色绀紫。

孙思邈看到这般情景，也是心中暗暗惊骇，他突然想起葛洪在《肘后方》中曾记载过"乃杀所咬之犬，取脑敷之"，于是急忙说道："快去找咬周姑娘的那条疯狗，打死后取狗脑过来。"

周骆慌忙约了几个村民，一起四处寻找那条野狗。但那条野狗早已不知逃到哪里去了，他们找了半天，也没找着，眼见天色已晚，夜幕欲降，只好另外寻了一条野狗打死后取脑回来。

然而，当他们回来时，却发现孙思邈颓然坐在灯前，见到周骆后竟然痛哭失声，说道："孙某实在无能，对不起周兄，孩子已经不治身亡了！"

原来，就在周骆他们走后，周姑娘又开始了一阵剧烈的抽搐，她牙齿咬得格格直响，口水流涎，嘴里说着胡话，很是瘆人。孙思邈见她额头全是汗水，想给她擦拭一下，她竟然惊恐万状，眼睛直直地瞪着，用嘶哑的声音叫道："鬼！鬼！好高好大的鬼！"

孙思邈知道她是中了狂犬之毒后产生的幻觉，但却无能为力。过了一会，只见周姑娘双手紧握

孙思邈痛哭失声："孙某实在无能，对不起周兄，孩子已经不治身亡了！"

住喉咙的位置，仿佛有一双无形的怪手在扼住她的脖子似的，浑身不停地抽搐，不一会儿，就两眼发直，停止了呼吸。

周骆也是泪如雨下，四邻乡亲也叹息不已。眼见王木匠拿来锯子和斧头凿子，把一只大木箱改成了一口薄皮棺材，大伙将孩子的尸身装殓入内。众人约莫忙乎了半个时辰，而孙思邈依旧跪坐在地上，垂着头一动不动。

见到这种情景，刚忙完的王木匠走过来解劝，周骆也擦了擦眼泪，过来拍了拍孙思邈的肩膀说道："我这姑娘命薄福浅，也许是前世里有冤孽未还，才有这个劫数，不能怪你，不能怪你！"

孙思邈却心中如万针攒刺一般，不停地在追悔：凭什么自己开始就觉得孩子这个伤没什么大事呢？为什么自己没有早看到医书中还有狂犬咬伤这样一回事呢？为什么没有及时给孩子清疮，对症用药呢？

他思前想后，觉得是这段时间自己行医时太过顺当了！有了那些成功的病例之后，就渐渐放松了警惕，不禁自大起来。他暗暗下定决心，一定要引以为戒，此后千万不可骄傲自满，须知学医之道仰之弥高、钻之弥深，自己所知所学，不过太仓一粟而已。

想到这里，孙思邈郑重地在医案中记录下这一沉痛教训："若初见疮瘥痛定，即言平复者，此最可畏，大祸即至，死在旦夕。"也就是说对于狂犬咬伤的患者，千万不要以为把伤口治好，不流血了，就算是大功告成，一旦发病，就会面临死亡。所以在容易出现疯狗的春末夏初之季，一定要格外警惕和防范，他建议人人带一根短棒，以便随时驱逐疯狗。

接下来的几个月，孙思邈不断走访，踏遍了华原附近的山山水水、村村寨寨，四处访察狂犬咬人后的病例，寻求治疗的药方。听了很多老人的讲述，孙思邈了解到，凡是被疯狗咬伤者，十有七八会发此病，一旦发病之后，几乎没有活下来的人。发病的时间，有的在三天后，有的在七天后，要是十多天后不发病，才算过了危险期。关于这些，孙思邈都一一记录下来，又遍找各地的医家请教，但他们或是推诿不理，或是也说无能为力。

孙思邈虽然颇为失落，但他却下定决心，一定要四处求访，提高自己的医术，万万不可再大意行医，贻误病人了。

注：《千金方》一书中记载有孙思邈没有救活狂犬病人的经验教训，并深以自悔。但狂犬病是医学难题，就在现代医学高度发达的今天，如没有及时注射疫苗而发病，死亡率也是高达100%。

遍寻医方

1

北周建德六年（577），周武帝宇文邕发大军攻打北齐，齐主高纬，荒淫无道，宠爱美女冯小怜，任用奸邪之辈。本来齐国有不少非常出色的人物，像文武全才的兰陵王高长恭，勤政能干的丞相斛律光等，都被昏庸的高纬杀掉。更荒唐的是，两军大战之际，高纬竟然为了让宠妃冯小怜看热闹，随意改变军事行动，以致贻失战机。人心尽失的齐国军队一败涂地，周师攻入了北齐的国都邺城，俘虏了高纬，统一了北方。

这天清早，看到孙思邈又在匆匆地收拾行

囊，准备到更远的地方求医问药。母亲雷氏说："吾儿呀，你现在已经老大不小了，该成个家了。你这番回来，要是不给我娶个儿媳妇，我就不许你再离开！"

孙思邈一直钻研医术，又加上家境贫寒，无力置办彩礼，因此年近三十还未婚娶。他并不着急，反而对母亲说："我听说有很多修道之士，他们独来独往，保有童子之身，年高时仍旧有童子之颜，儿子很是崇仰呢！"

雷氏听了，嗔道："你父亲去世得早，你们孙家就留下这么一棵独苗，你应该开枝散叶，让孙家有后，千万不可断了孙家的香火！也不枉我这么辛苦，把你拉扯成人。"

说着，又絮絮叨叨地讲了一番旧事，说当年孙思邈终日多病，她一个妇道人家，怎么千辛万苦地寻医求药，给孙思邈治病。讲了这些，孙思邈心中有所触动，但他想自己多年行医，家贫无资，于是说道："娘亲，咱家如此贫寒，哪有姑娘愿意嫁给我啊？"

雷氏一听孙思邈语气中有所松动，当下兴奋起来，说道："这事不难，前两天媒婆刘大胯子说有这么一个姑娘，生得十分端正，也不过多地索要聘礼，就是有一件事不好……"说到这里，雷氏又踌躇不定起来。

孙思邈好奇地追问道："这姑娘有哪里不好？敢是有残疾？"

雷氏说道："这倒不是，这姑娘和华原城中一张姓人家定了亲，结果男方还没迎亲就得急病死了，于是成了望门寡，旁人都说这姑娘命硬克夫……"

孙思邈听了，呵呵一笑说："这等荒诞无稽的言语，哪里值得去信！想是未婚夫遇上了庸医，把病情给耽误了……"

雷氏一听，忽然有茅塞顿开之感，说道："对对，别人怕，咱不怕。咱们行医救人，干的就是从小鬼手中拉人的事儿。就这么说定了，我马上就和媒婆说，明天就去提亲。"

就这样，孙思邈和这位姑娘成了亲，婚后夫妇和美，但是几个月后，孙思邈又动了外出寻方问药的心思。孙夫人深明大义，见到孙思邈终日愁眉不展，为一个个疑难病症发愁，于是就主动催他动身，到东边的齐地去寻求药方。

临行之际，孙思邈接过妻子刚做好的两双鞋子，深情地说："夫人啊，本不该舍你而去，但是为夫既然决意行医，就必然要四处求方采药，我知你在家中不免辛苦，为夫一定早早归来。"

因为之前周齐两国交战不休，孙思邈从来没有到过齐地，如今周武帝灭了齐国，周人自然可以随意来齐了，于是孙思邈就想去齐地寻求些奇方秘药。

2

这天，孙思邈从黄河乘船东行，来到怀州地界（今属河南）弃舟登岸。刚走到城外一座古寺前，碰上一队军卒正把一干僧众驱出山门，有一个老和尚嚷着要回去搬寺中的经书，被为首的军将踢了一脚，从石阶上滚下，手腕都摔得脱臼了。孙思邈看了不忍，忙上去帮他接好了关节，又敷上了伤药。然后低声询问老僧究竟是犯了什么事。

原来，周武帝一向轻视佛教，痛恨沙门，认为和尚尼姑不事生产，消耗社会财富，于是下令将北齐境内大小寺院赐给王公贵族为宅第，里面的出家人尽数驱逐出寺，勒令还俗。

听了老僧的讲述，孙思邈也是长嗟短叹，觉得为政者太过粗暴武断。见老僧悲伤难抑，只好劝道："我佛说四大皆空，事到如今，吾师也不必太过执着了！"

老僧感叹道："寺中的玉佛金钵之类倒也罢了，其中有一本贝叶经，是天竺僧从佛国带来，经书是梵文写成，甚是珍贵。还有一些高僧的语录心得，这些都是稀有之物，一旦毁失，再不可得……"

听闻此事，孙思邈也深感惋惜。他们从敞开的寺门中远远地望去，只见那些军卒将不少的经书搬到灶旁，当了引火之物，实在是暴殄天物，令人扼腕跌足。

孙思邈想起前不久路过晋阳时，有一位刘财主家的一岁小儿，得了痢疾，孙思邈嘱咐他们用木瓜取汁，喂给小儿吃，结果只过了两天，就完全好了。刘财主感激万分，非要用一只拳头大的金壶为谢，孙思邈本来坚辞不受，但启程后，却发现这只金壶又悄悄地被塞到了行囊之中。

眼看那些兵卒七手八脚地将佛寺中的玉佛金钵、香炉桌案等物装上了车，不知运到哪里去了，只剩下四名兵卒在此守寺。到了月上中天，只有两名兵卒值守，另外两名换班睡觉去了。

孙思邈悄悄走上前去，拿出金壶对他们深施一礼说道："两位军爷行个方便，容我把这些经书取走，这只金壶为谢。"

在这两位不认字的兵卒眼中，那些经书佛卷不过是废纸一堆，和垃圾差不多，白日里空见佛寺里的金玉之物，都被点检后造册，自己一点油水也没捞到，正一肚气的怨气。这时听得孙思邈竟然要用这么贵重的金壶来换这堆破经书，惊讶之余，喜不自胜。他们只是担心此事被其他兵卒知晓，嘱咐孙思邈搬动经书时不要发出响动，并说马上就要换班，只给他半个时辰的功夫。

孙思邈找来找去，也没有见到那部贝叶真经，只好拿起布袋，拣书堆中那些手抄的卷本往里塞，至于那些雕版印成的《金刚经》《大品般若经》《妙法莲华经》之类，孙思邈觉得并非珍品孤本，因此都丢在一边了。

约莫只过了一顿饭的功夫，那两个兵卒过来催促，说道："快走快走！换班的时间要到了，不然这点东西你也拿不走了！"说罢就将包袱往孙思邈背上一放，推推搡搡地赶他走。

孙思邈无奈，只好背起包袱，回到了老和尚借宿的村子里。见了那位老僧，说了一下事情的经过后，孙思邈满怀歉意地说道："孙某无能，未找到师父所说贝叶经文。"

老僧双手合十谢道："孙施主为了抢救本寺经书，舍去自己的金壶，实在是大仁大义，老衲感激不尽，安敢有怨？"

孙思邈心中依旧觉得很遗憾，那老僧一边拾掇一边叹息，揉着眼睛在灯下收拾整理经书，孙思邈也坐下来帮他。突然，他拿起一卷被火熏得发黑的旧纸，其中掉下一张张巴掌大的东西，那老僧眼前一亮，失声大叫道："贝叶经书！贝叶经书！"

原来，这贝叶是贝多树的叶子，产自天竺。那

孙思邈拿起一卷被火熏得发黑的旧纸，其中掉下一张张巴掌大的东西，那老僧眼前一亮，失声大叫道："贝叶经书！贝叶经书！"

里的僧人采来后加酸角、柠檬入锅共煮，然后洗净、晒干、压平，这种用贝叶刻写的贝叶经书，具有防潮、防蛀、防腐等特点，可保存百年而不烂。更重要的是，这些经书多是梵文写成，更贴近佛陀真义，因此僧家颇为重视。

那老僧欢喜异常，将那些贝叶珍重收好，而此时孙思邈也是心花怒放，如获至宝。原来，他发现那一卷乌黑的旧纸上，写的竟然全是医药之方，只见目录上写道：

卷三：虚劳诸疾。卷四：唾脓血。卷六：妇科疾病。卷八：风邪惊恐。卷九：诸风疾、鬼魅。卷十：风疹瘾疹。卷十三：五脏不调。卷十四：外感热病。卷十六：心腹痛。卷十八：咳嗽上气……

孙思邈大喜过望，拿着问老僧道："这一卷文字并非佛经，乃是医经，不知有何来历？"

老僧初时也是一怔，他想了想，然后说道："阿弥陀佛，是这么一回事，有一位高僧大德，名叫深师。他带发修行，四海云游，因此也有人称他为师道人，他精通医术，曾经治过不少的疑难杂症。曾经在本寺挂单，有半年之久，这都是十多年前的事情了。"

孙思邈忙问道:"孙某立志行医,想借此卷抄录,用这上面药方普济世人,不知师父能否允可?"

老僧双手合十,口宣佛号,说道:"这些经书本是孙施主用金壶换取,而且老僧不懂医术,并无用处,理应由孙施主拿去保管,造福众生。"

孙思邈如获至宝,立刻仔细抄录,细心揣摩。之后,孙思邈用其中所记载的"三黄石膏汤""竹叶汤""紫苏子汤"治好了不少的病人,屡见奇效后,孙思邈不免对这本书更加重视,时常叹惋其中残缺的部分,但多方寻求,均无下落。

他白天沿路行医,晚上就孜孜不倦地研究医书和整理药方,不觉已过了半年有余,这天脚上的草鞋磨破了,他从包袱中拿出妻子做的新鞋子,突然心有所感:我东游时日不短了,家中妻子必然惦念,前人有诗"结发为夫妻,恩爱两不疑。生当复来归,死当长相思",我这样抛下她远游四方,实在是于心有愧啊。

3

想到这里，孙思邈于是决意启程回家，不想北风袭来，黄河一夜冰冻，船不能行。后来又下了大雪，道路湿滑，耽误了不少时间，足足又花了两个多月，孙思邈才来到孙家塬村口。

刚一到村口，就碰上了王木匠，他用铁钳一样的手，拉住孙思邈就往村里走，一边走一边责备道："孙郎中，你到处去治病救人，怎么丢下自己的老婆不管了？我和你说，你老婆难产，正在危急之中呢！"

孙思邈一听，当下把包袱扔给了王木匠，自己撒腿飞奔。

刚进院子，只见母亲雷氏正拿着一张张黄表纸在火盆里焚烧，前面还摆着供桌，放着香烛瓜果之类。孙思邈惊讶地问道："娘亲，你这是做什么？"

雷氏说道："你可回来了！媳妇难产，稳婆让拜一拜注生娘娘。"

孙思邈顾不得管这些，慌忙走到屋中，只见稳婆把住内室的门口，拦住孙思邈说道："女人家生产，男的不能进，你要是被妇人的血气冲犯了，这辈子就一直会走霉运！"

孙思邈推开稳婆，说道："这话毫无道理，再说孙某是行医之人，什么样的病人都瞧过，什么样的秽污之气也遇过，我妻生产，岂能不顾？"

只见妻子面色惨白，浑身大汗淋漓，犹如水洗过一般，原来已经腹疼了两天，还没有生出来。她见了孙思邈，挤出了一丝微笑，连话都没有力气说。

孙思邈忙着取出银针，在她的肩井穴上刺入，又取了槐枝、榆白皮、大麻仁、瞿麦、通草、牛膝等草药，熬成药汤，喂妻子服下。

果然，喝完汤药没多时，妻子腹疼加剧，婴儿就生了出来。稳婆接过婴儿，见他浑身青紫，脸色乌黑，也不啼哭，探了一下口鼻，并无呼吸。当下叹了口气，就悄悄地对孙思邈说："可惜了，虽是个男娃，却是个死婴，也别给产妇看了，以免她受惊。"说着就要放入箩筐之中，拿走丢弃。

孙思邈忙拦住稳婆说道："且慢，把婴儿抱给我看。"他先是以棉布裹指，拭出婴儿口中一大块如青泥一般的淤血，然后又揉了揉娃娃的肚子，急令稳婆："快拿一根葱来！"

稳婆不知何意，这时雷氏也在屋中，忙回身跑去厨房，拿了一根葱来。只见孙思邈撅去葱根，手持葱叶，用葱白抽打了几下这娃娃的后背，只听"哇"的一声清脆的哭声从这小婴儿的口中发出。众人无不欣喜，孙思邈见这孩子越哭嗓门越亮，忙抱在怀中，疼爱地说："儿啊，为父为了救活你，才打了你几下，你就冤成这样，哭个不停啊！"

稳婆早就烧好了热水，当下接过婴儿，洗净了血污，裹在襁褓之中。一边将婴儿递给孙思邈，一边口中赞道："真是个白净漂亮的娃儿，也亏得你托生在孙郎中家里，要是在别家……"她本来想说"又得重回鬼门关报到去了"，但想到此语太不吉利，说出来不免令主家不快，因此又咽了回去。

雷氏拿出钱来谢了稳婆，又另外赠了她几升豆子。稳婆想到自己差点把健康的婴儿给扔了，心下颇有些过意不去，她心中又想："这孙郎中果然是神医，我还是多问问他，学些法儿。要是也能治活一些生下来不会哭的娃娃，不但主家高兴，能够多送我一些谢仪，我也算是积了德。"

想到这里，那稳婆对孙思邈深施一礼："孙郎中真是神医，刚才我差点误了你家孩子的性命，实在不好意思。真想不到，你年纪轻轻一个男人家，竟然生娃娃的这些事比我这个当过二十年稳婆的人还精通，我这里厚了老脸，想请孙郎中教点本事，以便能多救活一些娃儿。不知道孙郎中能答应不？"

孙思邈笑道："你虽然当了二十年的稳婆，但只是你自己的经验，我遍观古来的医书，相当于有上千年的经验。新生小儿口中有时会被胎中的淤血阻塞，所以要用棉裹指，拭出血块，以使其呼吸通畅……"

稳婆听了，又急急追问："那为何又要用葱白抽打小儿呢？"

孙思邈笑道："抽打小儿，是为了让他身体有所感应，从而开始呼吸。用葱白是防止用力时无法掌握轻重，伤了小儿脏腑，葱白柔软，用力过大时会自然折断，伤不了小儿；但如果用葱叶，则有可能力度不够，刺激不了小儿啼哭。"

那稳婆心悦诚服，一一谨记在心。孙思邈又细心嘱咐了很多新生婴儿需要注意的问题，那稳婆感叹道："老身要是早十年遇到孙郎中，手下可能会多救百十个娃娃。原来我以为那些娃娃没福生在人世间，现在看来竟然是为人所误，孙郎中你一定是送子娘娘派到人间来的神灵！"

说罢，竟要给孙思邈跪下磕头。

孙思邈忙一把搀扶起她，不过心中也颇有些自豪，觉得自己选择了行医这条路，确实能够泽及世人、惠及自身，比那些仕途经济之类更有意义。

生完孩子之后，孙夫人身体虚弱，一直有各种小毛病，好在有孙思邈这个精通医术的丈夫在旁，都能一一想办法治好。由此孙思邈也体会到，妇人和婴儿的身体娇弱，是最需要呵护的群体，而历来的医家，并没有对妇婴格外重视，只是笼统地按普通人的病例来治。所以孙思邈决心在自己所著的医书中，要把女人和小孩列在首位，并悉心研究她们的种种疾病。

转眼，又到了一年的春节。鼓乐声声，喜气洋洋。但是，窑洞的昏黄油灯下，孙思邈依旧在写医案，他将这半年来总结的妇婴症候收集记录下来："夫妇人之别有方者，以其胎妊生产崩伤之异故也。是以妇人之病，比之男子十倍难疗"，"小儿气势微弱，医士欲留心救疗，立功瘥难"……

母亲雷氏抱着白白胖胖的孙子，心中大悦，对孙思邈说道："当初你执意学医，我心中还有些不情愿，如今看来，这条路是走对了。假如媳妇被神婆庸医之类的人所误，我们孙家哪有现在这样的天伦之乐啊！

智救产妇

1

新年刚过，县丞就来到村里，说是想推荐孙思邈到长安给王公贵族们治病。名义上是推荐贤能，不让孙思邈的才华埋没在草泽之中，但他心中另有一副小算盘，他是想以孙思邈这样的医界奇才作"礼物"，进献上官，以图仕进。

长安城里这段时间政局的变化也是白云苍狗，神武睿智的周武帝于去年六月份得急病驾崩，其子宇文赟继位，是为周宣帝。这周宣帝荒淫无道，丧仪之中就整天听歌看舞，像什么舞火龙、侏儒说笑、山车攻战、巨象游巡、杀马剥驴等种种怪诞荒唐的游戏，周宣帝都格外喜欢，又在后宫聚集无数美女，那些千奇百怪的嫔妃名号，让负责起居注的史官大感头疼。年轻皇帝终日沉湎酒色，政事一塌糊涂，江河日下。

了解这些情形后，孙思邈暗暗下定决心，还是躲进山林为好。他听说华山中有一位隐世高人，名曰"西岳真人"，于是不顾天寒雪滑，收拾了行囊，带了干粮，就直奔华山而去。

有道是"华山天下险"，连日的大雪让石阶陡滑异常，所以很少有人来此地。等孙思邈来到山上的道观时，里面的道士无不惊骇，得知他涉险来此是为了寻访西岳真人，一位老道士告诉他说："那西岳真人嫌此处上山的人太多，颇多袭扰，前几年就去太白山中去了。"

孙思邈听了，心中凉了半截，但他有一股凡事认真、不成不休的性格，他想：早就听说那太白山高耸入云，山上奇花异草极多，就算寻不到西岳真人，也必然会寻访到一些珍稀的药材。想到这里，他说走就走，又向西南方远达六百多里的太白山走去。

这太白山乃是秦岭山脉的主峰，也是中国大陆青藏高原以东第一高峰，所以古时有"武功太白，去天三百"之说，实在有通天揽月之感，历来传为仙山洞府。孙思邈寻径登山，只见这太白山果然名不虚传，风景优美，林木幽深，时有熊吟虎啸之声。

　　而在孙思邈的眼中，山上的奇石陡崖固然令人游目骋怀，飞天而下的瀑布让人叹赏不已，但更令他着迷的是遍坡的奇花异草，那都是一些珍稀少见的药材啊！像什么手掌参、桃儿七、太白米、长春花、款冬花、金丝带、菊三七、羊角参、黑洋参……实在是琳琅满目，令孙思邈欣喜若狂，如入宝山。

　　孙思邈虽然没找到西岳真人，但采了满满一大背筐药材，也觉得不虚此行。眼见红日西坠，天色将晚，这山上猛兽极多，住宿不得，于是孙思邈登高一望，看见西南方的山坳中有缕缕炊烟升起，想必有个村落，于是找了条小路，急急往山下走去。

2

俗话说"望山跑死马",在山上看那村子似乎不远，但走下来其实挺远的。孙思邈走得两腿酸软，终于来到了大路上，暂时坐在路边的一块平坦的青石上歇息一下。

坐不多时，刚要起身继续前行，忽然前面一群人吹着唢呐，抬着一口大棺材号哭着走了过来，原来是有人出丧。孙思邈忙知趣地闪到一旁，只见一个男子哭得极为伤心，有个老汉一边叹息，一边喃喃地说道："好可怜啊，一尸两命……"孙思邈见此惨景，也跟着摇头叹息。

等出丧的队伍过去，孙思邈正要接着赶路，突然发现地上有点点滴滴的血迹，素有行医经验的他一看便知道，这是鲜血！既然是鲜血，那说明人还没有死啊！

想到这里，孙思邈马上飞奔回去，拦在出丧的队伍前面，大声喊道："停下！停下！把棺材打开！"

送丧人群见有人挡路，还要打开棺材，以为

是有人要闹事，一个汉子揪住孙思邈的衣襟叱道："你是何人，前来捣乱，赶快滚一边去！"说着就一把将他推搡到路旁。

孙思邈举起腰间的葫芦说道："我行医多年，敢问棺中死者可是难产的孕妇？"

那些人惊诧道："你从何得知？"

其实孙思邈是听到老汉说"一尸两命"后猜到的，但他来不及解释，只是急急地说道："速速打开棺木，我要救人！"

一个汉子慌忙拿出腰间的斧头，就要启钉开棺，不想一个婆子拦住说道："使不得使不得，神婆说了，这产妇怀的是妖孽，在腹中作祟，所以先弄死了自己的娘，要是不赶快抬出村，一家人甚至全村人都要遭殃啊！"

孙思邈急道："哪有这等事！快打开棺材，晚了这产妇可真要没命了！"

想开棺的汉子是产妇的丈夫，他舍不得夫人，却又害怕真有妖孽，一时两手发颤，难以决断，旁观的乡人也不知所措。孙思邈想到这些人一般都信奉神鬼，于是心生一计，他从道书上看过不少的符咒之类，当下拾起一段树枝，在地上画了一个符咒，口中还念念有词，什么太上老君、荡魔天尊之类的都叫了一遍，然后厉声说道："赶快开棺！"

那汉子其实早就想动手，现在见此情景，三下五除二就把棺盖给启开了。孙思邈凑近一看，果然是一位年轻的少妇，躺在棺木之中，脸色惨白，全无血色。他探了一下这个女子的鼻息，十分微弱，又摸了一下脉搏，缓缓地还有跳动，于是连忙掏出囊中的银针，刺入她的人中、合谷、太冲等穴位。

约莫过了一炷香的时间，听得这名产妇有了喘息和呻吟之声，孙思邈扯过人群中那名婆子问道："你原来接过生没有？快点儿去给这名产妇接生。"

那婆子还在犹豫，被产妇的丈夫一把揪住，按到棺材之中，说道："都是你，妖言惑众，差点害死了我老婆，快去给我老婆接生！就算是将功折罪，要不然我可揍你这个老乞婆！"

孙思邈又命大伙找来布幔，遮住四周的寒风。又过了半盏茶的功夫，只听那婆子叫道："出来了出来了，娃娃生出来了！"只听一声清脆的婴儿哭声在晚风中响起，大家都是兴奋不已。

产妇丈夫喜不自胜，伏在地上连连给孙思邈磕头。若不是孙思邈，这家败人亡的惨剧，如何能变成添丁进口的喜事呢？

众人想要扶产妇出棺，孙思邈慌忙阻止道："产妇刚生完最怕受风，况且她失血过多，十分虚弱，大家别忌讳这棺材，还是就这样让产妇躺在棺材中直接抬回家吧！"

大伙此时都对孙思邈奉若神明，不敢违拗他的意思，于是就抬着棺材，抱着婴儿，兴高采烈地返回村去。村里的人见这伙人，抬着一个大棺材，又笑又唱地回来了，一开始无不惊骇，以为大伙都中了魔。后来一打听，这才知道是丧事变成了喜事儿，于是对孙思邈敬若天神，此事越传越神，都说孙思邈能把死人给医活。

这下孙思邈想走也走不了啦，就在村中住了下来。村民们历来缺医少药，很多人都是得了病自生自灭，好多人常年被疾病折磨，可以说是生不如死。孙思邈一一为他们诊治，颇有神效，这些村民更不愿意放孙思邈走了，于是这一住就是三个多月。

眼见蛙鸣蝉噪，荷叶初圆，满眼都是阴阴夏木的绿意，孙思邈离家日久，惦记着老母和妻儿，于是收拾了行囊，决心先回家去，他怕村民们殷勤相送，一大早就悄悄离开了村庄。

<h1 style="text-align:center">3</h1>

回到家中，一切安好，就是孙思邈的儿子偶有些咳嗽、积食之类的症状，孙思邈药到病除，不在话下。又嘱咐妻子说，和暖无风之时，就抱孩子出来在太阳下玩，小孩见风见日，大有好处，能够血凝气刚，肌肉牢密，堪耐风寒，不致疾病。越是怕得病，把孩子捂起来，藏在帐子里，穿上厚厚的衣服，那就像不见风日的背阴木，软脆不堪。见孙思邈的孩子长得茁壮可爱，四方有小儿的人家，都过来咨询育儿之道，孙思邈并不隐藏，一一详细告知，来者无不欢喜而归。

除了给登门求医的患者治病外，孙思邈又开始拾掇从太白山采来的那些药材，一一验其药性，琢磨它们之间君臣相佐的搭配关系。

山村的日子简单而又充足，每当有一个新的发现，孙思邈就欣喜万分，旁人闻着十分冲鼻的药气，在孙思邈这里，却比醉人的醇醪还要馨香。

这天清晨，忽然村中里正急急忙忙地前来告诉他："孙郎中，大丞相派使臣前来征召你去朝中做官，车驾从长安出发，中午就要到村里了，你赶快换件新衣服，准备准备。"停了一下，他又谄笑着说："孙郎中，你要真当了大官，可一定要关照一下我啊！"

孙思邈却摇头道："我不去做官，我这辈子就认定了当个医生。"

里正听了，倒是一愣，着急道："大丞相亲自派人来征召，可是非同小可，你要是坚持不应，惹恼了大丞相，可是谁也救不了你！"

原来，前不久的长安城中，又有了一番天翻地覆的变化，荒唐胡闹的周宣帝宇文赟，因为淫侈无度，年仅二十二岁就早早地病死了。新继任的周静帝是个小皇帝，年仅八岁，所以国事就完全依赖权臣杨坚。这杨坚见幼主无知，于是就借机诛杀掉周朝的宗室，渐渐有篡位之心。

这天，杨坚和自己的妻子独孤伽罗在密室中，暗暗商议改朝换代的计谋。这独孤伽罗虽然是女子，却深有谋略，杨坚一代豪雄，能够威镇群臣，但在家中，却时常要听从妻子的意见。独孤伽罗建议杨坚，要广为征召人才，无论文武，多多益善，只有这样，才可以图王霸之业。

杨坚听了，甚是赞同。独孤伽罗乃是独孤信的第七个女儿，她幼年时听父亲说过，华原有个出色的少年叫孙思邈，是个人才。于是就告诉杨坚，杨坚当下就派了使者，前来征召孙思邈入朝。

然而，这件别人眼中的天大喜事，却让孙思邈为难起来：如果应召入朝，当一个受人役使的官吏，终日迎来送往，案牍劳形，自己这大半生钻研的医术和学业不就荒废了吗？就算成为朝廷的御医，也只是战战兢兢地服务于皇室，哪里有四方行医的自在？然而，如果抗命不遵，让朝廷使者觉得自己是蔑视其官威，那也是要惹祸上门，俗话说"破家的县令，灭门的府尹"，自来民不与官斗，当官的如果想收拾小老百姓，那办法可就太多了。

想了半天，孙思邈终于有了主意：装病！他找来地黄、姜黄等中药材，碾碎取液后涂在脸上，顿时显得脸色如黄表纸一样，一副气息奄奄的样子。然后，又将枸杞、鸡血藤等加粉混合，点在面上，斑斑点点，酷似恶疮。化完"妆"后，孙思邈揽镜自照，感觉足以假充真。正在这时，只听门外车马喧闹，使者想必已来了，他赶快躺进被子，钻到了帐中。

那使者来到孙家，听孙母禀说孙思邈昨天行医，染上了恶疾，故而不能应召，心下好生奇怪，他一手捋着胡子，一边挺着肚子高声叫道："真病还是假病，要是欺瞒朝廷，这可是大罪！不行，我得瞧瞧。"

使者走进孙思邈的窑洞之中，一把扯开帐幔，只见孙思邈面如金纸，气息奄奄，脸上红红白白的全是恶疮，不禁吓了一大跳。孙母在旁又说道："大人切勿靠得太近，这病极易传染，倘若大人也因此得上，那可就罪过了！"

使者吓得两腿发颤，慌忙逃命一般地奔出窑

洞，命随从车驾速速离开。

见孙思邈装病辞官不就，妻子还有些不理解，她说："四邻八乡，如果出一个做官的人，连亲戚都觉得荣耀呢！夫君为何不应召啊！"

孙思邈于是和她讲了庄子中的故事："你看养着做祭品的牛，天天要喂上好的饲料，什么刍草、大豆之类，它身上披着的也是纹彩刺绣的织品。但是，这一切，都是为了把它牵入太庙宰杀后做'牺牲'，这时候它想做一头野牛，还能行吗？当了官，就等于成了这头做牺牲用的牛啊！"

孙思邈知道装病只能装得一时，时间长了，不免有露馅之虞。于是没隔多久，就安排了一下家事，再度远赴太白山。

第一次来太白山时，孙思邈就听村民说起过，太白山极高处名为拔仙台，人迹罕至。当时天气尚寒，不宜登山，加上孙思邈忙于给乡亲们治病，于是就没有登顶。

孙思邈这番决意要登顶一览，说不定西岳真人就在那最高处。他打探了路径后，从艾蒿坪的狭窄山路，抚壁挪步而上，走了约半个时辰，见两侧溪流潺潺，路侧有一块巨石，石缝中一树盘屈，姿态甚是矫矫可赏。又走了十多里山路，过了一座独木桥，只见两侧石峰如刀劈斧削，险峻异常，孙思邈心惊之余，也不免感叹这天地造化之鬼斧神工。

这太白山，素有"山脚盛夏山岭春，山麓艳秋山顶寒。赤壁黄绿白兰紫，春夏秋冬难分辨"之说，孙思邈越往上登，越是觉得寒气逼人，好在他早有准备，带了冬天的衣物，这时拿出来换上。

又走了几个时辰，只见此处怪石耸立，莽莽苍苍的山上一座白色巨石十分抢眼，大石有三五十个人高，远看就像村民们收了麦子后堆成的麦垛之状，孙思邈想起村民说过此山有"麦垛石"，当下自言自语道："这就是所谓的麦垛石了。"

待他匆匆穿过松花坪，翻过鱼脊岭，跨过孤魂洼，踏过马蹄印，来到拔仙台后，只见这里有庙有亭，却没有人的踪影。

不觉西边已是彩霞满天，眼见天色将晚，孙思邈怅然叹气，就想寻路下山。他向南转过山峰，只见一片清澈如镜的湖水出现在眼前，湖泊圆如满月，彩云、山峰倒映湖中，犹如画境一般。

孙思邈叹赏不已，于是就在此处搭建了一个草庐住下，没想到这一住就是三十多年。虽然始终没有遇到西岳真人，不过他从道家典籍中悟出了不少的养生之道，悟出了"消未起之患，治未病之疾"，养生保健，胜于得病之后再服药施针。

这三十年间，他也不时回乡探看，当母亲以八十多岁的高龄去世后，他更加了无牵挂，终日隐居山中，采集药材，有时也下山四处行医，治好了数不胜数的疑难怪症，也收了一些年轻有为的弟子。方圆几百里的乡亲，都知道太白山上有个孙真人，是当世神医。

结识名医

1

有道是"山中方七日，世上已千年"，孙思邈日复一日过着简单的隐居生活，大有不知有汉，无论魏晋之感。三十多年间，这天子的朝堂，已由隋朝改换成了唐朝，变成了李家的天下。

贞观元年的这一天，巍峨壮观的含元殿上，新登基的皇帝李世民亲自召见了孙思邈。

之前，他听说孙思邈自北周以来，长年隐居山中，历代当政者屡召不应，又听说他已经八十六岁了，所以根本没有抱太大的希望。但本着野无遗贤的想法，还是派了使臣去请。没想到，这个屡召不应的孙思邈竟然欣然前来，着实令唐太宗有一份意外的欣喜。

然而，太宗皇帝却不知孙思邈此番入朝的本意并非为了沽名图利，更不是贪恋权位官职。隐居太白山这几十年来，孙思邈四处行医问药，民间药方倒是积累收集了不少，但是历代宫廷之中秘藏的医学典籍和验方，却始终无从得知。为了写出一本造福世人、解万众病苦的医书，孙思邈这才应征来朝，和这些本来不愿意接触的皇家权贵们打交道。

李世民见孙思邈虽然头发花白，但面容红润细嫩，如婴儿一般，当真是鹤发童颜。而且身形矫健，步履轻捷，哪里像八十岁的老人，看上去只有四十多岁。

不过他早就听说过，独孤信曾经赞许过少年时的孙思邈。要知道李世民的奶奶就是独孤信的第四个女儿，孙思邈的岁数起码要高他两辈。想到这里，李世民不禁叹道："过去读书时见书上说古代的得道高人，像羡门和广成子，能够驻颜有术，长生不老。原来以为都是故事和传说罢了，今日得见孙真人，知道古人所言不虚啊！"

孙思邈谦逊道："陛下，孙某只是虚长几岁，保养得好一些而已，真人之称，殊不敢当，也并非有长生不老之术。"

太宗见孙思邈出言诚恳，并不像一般的术士那样装神弄鬼，心下倒是十分敬佩。当下追问道："那养生之法又当如何，孙先生能否解说一二？"

孙思邈道："陛下容禀，孙某这些年在太白山养生悟道，觉得若想延年益寿，必须戒十二多，行十二少。"

太宗大感兴趣，忙问道："朕愿闻其详，先生请细说一下。"

孙思邈说道："多思则神殆，多念则志散，多欲则志昏，多事则形劳，多语则气乏，多笑则脏伤，多愁则心慑，多乐则意溢，多喜则忘错昏乱，多怒则百脉不定，多好则专迷不理，多恶则憔悴无欢。这就是十二多，不戒除这些，想不得病，可是极难。"

太宗听了，自忖想真正做到实在有些难，又问道："那十二少是什么？"

孙思邈笑道："这十二少，其实是对应十二多：即少思、少念、少欲、少事、少语、少笑、少愁、少乐、少喜、少怒、少好、少恶。人得病之源，在于情志，若得凝神守志，心无杂念，自然身体通泰，神完气足。"

太宗听了，虽然心下也颇以为然，但自己政务繁忙，还要当国理政，哪里能做到少思、少念？他转念又问道："孙先生，我看葛洪《抱朴子》中曾说，服食金丹，能令人不老不死，先生可通此术吗？"

孙思邈急忙劝谏道："陛下，万万不可！我隐居太白山三十多年，期间也曾炼丹砂，服石乳。但亲身体验之后，发现这些丹石之方，多有大毒，有杀人之效，无养生之功，所以我郑重告诫弟子'宁食野葛（一种毒药），勿服五石'，也不许他们收藏五石散之类的丹药之方，以免害人。"

太宗本来很想靠服食金丹来谋求长生不老，现在听孙思邈如此说，心下颇有些失望。当下不愿再谈，于是说道："先生来朝，朕想赐你个从六品的侍御医加奉议郎如何？"

孙思邈却摇头道："孙某乃草野之辈，陛下所赐爵位，不敢领受。孙某此番来京，是想把平生收集的药方和太医院的典籍加以印证，并整理成书，以解世人疾苦，还请陛下恩准。"

　　李世民听了，点头赞许："盛世修典，这是件大好事，先生就住在长安吧，朕还要不时求教。另外魏徵他们正奉诏修史，先生寿数既高，前朝的有些掌故也正要咨询先生。"

2

　　进入太医院后，孙思邈如入宝山，这里不但有琳琅满目的珍稀药材，还有简牍盈积的医家秘籍。其中不乏各处地方官当作贡品献上的奇药秘方，如北地太守方、金城太守方、北平太守方、常山太守方、巴蜀太守奏方等等，都是民间难得一见的秘方。孙思邈如获至宝，欣喜万分，终日在太医院中研读抄录。

　　这天夜晚，春雨淋漓，孙思邈仍旧在灯下抄录药方。只听有人轻叩房门，孙思邈开门一看，来者是一位皓首苍髯的老者，手拄拐杖，不住地喘气，脑袋耷拉着，一副有气无力的样子。他走过来说："太医，麻烦给我看一下病，我胸闷气短，头昏眼胀。"

孙思邈曾得皇帝恩准，自由出入太医院，却并非在这里供职，但眼见外面天色已晚，又风寒雨急，让他再去奔波寻医，实在不忍。于是赶紧让他进来，伸手指搭住此人的腕脉，仔细诊断。

奇怪的是，他一搭此人的腕脉，就觉得脉博沉稳有力，十分均匀，不像有病在身的样子，于是疑惑道："我观阁下的脉象，并无疾病在身，也不像胸闷气短的样子，敢问是现在好了吗？"

只见老者哈哈大笑，声音十分爽朗："孙先生果然名不虚传，一把脉就断出老夫装病。老夫姓甄名权，刚才开个玩笑，还望孙先生不要介意。"

孙思邈早就听说过甄权的大名，他也是医术名家，尤其精通针灸和脉理，当下赞道："孙某早就听说过甄先生的大名，那鲁州刺史胳膊麻痹，拉不得弓，多少名医都治不好，甄先生一针下去，就完全好了；深州刺史颈肿喉塞，水米不下，眼看就要

孙思邈开门一看，来者是一位皓首苍髯的老者，手柱拐杖。

死掉，也是甄先生几针就医好了，孙某实在佩服得很……"

甄权谦让道："孙先生谬赞，老夫也十分佩服你，前几年长安城的净明法师，患上了霍乱之症，连巢元方、许胤宗、甘伯宗这几位朝中供职的太医都治不好，结果却被你药到病除，一时轰动了长安城啊！"

当下两人又互叙了年齿，竟然发现两人是同岁，甄权赞道："孙先生养生驻颜之术，可是远胜于我，我看起来可比孙先生老多了。正所谓蒲柳之姿，望秋而零；松柏之质，经霜弥茂。"

孙思邈道："甄兄过誉了，我闲居山野，确实少了一些俗事相扰。不比甄兄，日夜为国家效力。"

甄权问道："孙先生行医多年，可遇到过什么奇怪的病例没有？"

孙思邈想了想说道："开皇六年时，有人生'蛟龙病'。患者病发似癫痫，面色青黄。我用药之后，患者便吐出'蛟龙'，有头及尾，可谓是怪症了。"

甄权听了，说道："我于此术不精，但我弟弟甄立言擅长治腹中之虫，一位六旬的尼姑曾经得了一种病，腹胀如鼓，我弟用雄黄做主药让她服了之后，吐出好多手指粗细的虫子，然后就好了。"

两人越谈越是投机，甄权得知孙思邈在收集撰写医书，当下慷慨地说："我写有《脉经》《针方》各一卷，另外我还绘有一幅《明堂人形图》，细标人体各处穴位，初学医道者观之大有裨益，明天我就给你送来。"

孙思邈深为感动，这《明堂人形图》虽然古已有之，但因年代久远，有各种错误，孙思邈常常为之困惑。如今得到甄权新绘《明堂人形图》后，他如获至宝，并在原有基础上增加了彩绘，将人体十二经脉，根据中医的阴阳理论，分别用青、黄、红、白、黑五色描绘，让学针灸的人更加方便易懂。

为了让自己这部医书更加详尽充实，孙思邈四处请教，不耻下问，就连比自己年轻许多的医官，他也谦逊多礼，于是结交了许多医道中人，从而获得治水气方、治肿方等多种医疗方法。

暮年入川

1

不知不觉六年过去了，又到了落叶满长安的季节。孙思邈特地来向甄权辞行。甄权腿脚不便，在家休养，听说孙思邈前来辞别，恋恋不舍地问道："孙兄可是要告老还乡吗？"

孙思邈笑道："非也，非也。孙某是想去江南和巴蜀之地走一走，增长一下见识。"

甄权奇道："孙兄真是奇人，你今年也九十岁了，还有心思去游山玩水，实在是不输少年之志啊！甄某实在是佩服。"

孙思邈笑道："虽然我平生从未去过江南和巴

蜀之地，但这次并非是为了游玩。这五年多来，我新读了不少的医家秘典，又学来了不少的验方，但对于南方湿热地带的一些症候，还没有治疗经验。所以，我想去那里看看。另外，想找个山静水秀的清幽之地，把我这本书写完，这长安城中，求医问药者络绎不绝，无时无休。"

甄权听了，握住孙思邈的手，动情说道："听你这么一说，我也很想同去，可怜我双腿麻木，行走不便。待到你书成之后，归来之日，一定要和我讲讲你路上的见闻和医案。平生之快事，莫过于此啊！"

孙思邈紧握甄权的手，满口答应，殊不知，这是两位医界耆宿的最后一面。孙思邈这一去就是十一年，当他再度返回长安时，甄权已经去世了。没能和好友剪烛共话新著成的《千金方》，成为孙思邈终生的遗憾。

孙思邈虽然步履轻快，但走起山路来也不免要拄杖而行。众弟子当然不放心他像年轻时那样独自跋山涉水，故而雇了车马，离开长安后，又辗转到汉水乘船，然后从长江溯江而上，进入蜀地。

这番逆流而上，只靠风帆已经难以前行，只得雇了附近的纤夫来拉船。蜀地山峦苍翠清秀，和北方的山脉大有不同。只见对面这座山坡上的龙爪古松苍劲挺拔，山风过时，松涛声声，林木间杂生着不少的藤萝，虬枝蜿蜒，葱郁中点缀着朵朵鲜艳可喜的花朵。再看另一处山坡，有翠竹万竿被清风拂动，可谓绿涛千顷，幽篁如海，孙思邈手抚银须，连声赞叹："好山，好景！"

不多时，眼见天色将晚，来到一处村镇，弟子找来滑竿，雇了当地的四个汉子抬着孙思邈走上山道，去山腰间的驿馆休息。

回头望去，只见一道残阳，铺在江面上，照得半江通红，孙思邈和弟子们都看得心旷神怡。孙思邈吩咐抬滑竿的汉子，先不要走了，他想停下来驻足眺望，多看一会这峡江落日的壮观景色。

可只看了一小会儿，那几名抬滑竿的汉子开口恳求道："老仙翁，不是小人们要打扰您老人家的兴致，等这太阳一落下，天色稍微一黑，我们的眼睛就看不着道了，到时候要是摔着您老人家，我们可担待不起。"

另一人也说："我们这些人啊，就像那些小雀儿一样，天稍微一暗，就啥也瞧不见了。不单是我们几个，我们村里人，几乎都这样。"

孙思邈听了，当下沉吟不语。随侍的大弟子知道师父平生最喜好的就是研究各种稀奇古怪的疾病，于是说道："师父，这病之前我们没听说过，这是什么病？"

孙思邈说道："我曾在巢元方的《巢氏病源》一书中见过'人有昼而睛明，至瞑则不见物，世谓之雀目，言其如鸟雀，瞑便无所见也'，但也没说此病如何治疗。"

他沉思一下，唤来轿夫问道："你们村子里的人，都是如此吗？"

那几名轿夫急道："老仙翁快上轿吧，马上就要天黑了！"

孙思邈笑道："这点路，老夫还走得动，滑竿不必坐了，咱们不急。雇轿的钱，照样付给你们，一个子也不少。"

几名汉子这才放下心来，抢着说道："说来也怪，但凡住在我们村里的，都是这样，只有那个张

我们这些人啊，就像那些小雀儿一样，天稍微一暗，就啥也
瞧不见了。

财主家的人，不犯这病。老仙翁，这真是黄鼠狼专掐病鸭子，这病也欺负穷人。"

"哦，原来如此，"孙思邈追问道："那你们平日里都吃什么？"

汉子们说道："嗐，我们那穷地方，终日只吃些糙糠黑豆，油也很少有。"

孙思邈听了，当即吩咐："我们明日先不赶路了，去他们的村子瞧瞧。"

弟子们一怔，有人就劝道："师父，我们不是赶去看峨眉山的秋色吗？再一耽搁，大雪封山后，这峨眉山就上不得了。"

孙思邈向他瞧了一眼，面有不豫之色，大弟子知师父心情，忙说："师父历来以治病救人为最要紧之事，现在遇上这些病人，焉有不顾之理！"

那几名竿夫很不好意思，当下也劝道："我们这些牛马一般的粗贱之人，不劳老仙翁烦心，再说了，也不是什么要死的大病。"

孙思邈一摆手，让他们不必说了，众弟子知师父心意已定，也都不敢再提他言。

2

到了第二天，孙思邈一行人，走过了曲曲折折的羊肠小道，一路峰回路转，来到山坳里的一个小村落。只见这里的房屋甚是奇特，是北方人从没见过的吊脚竹楼，以木桩或粗大的竹子为支撑，地板离地面足足有二人高，四壁皆是木板，有的涂以灰泥，有的不涂，屋顶盖着厚厚的茅草。

这里的人见到孙思邈师徒一行，也觉得他们服饰有别，很是奇特，不过这寨子中的人很是好客，对待孙思邈师徒极为热情。不过对话之时，彼此语言不通，一点也听不懂，幸好那几名抬滑竿的汉子能够居中翻译一二。

众弟子见此处地狭潮湿，又多有蛇虫野兽，都劝孙思邈不要久留。但孙思邈坚持要探个明白，吩咐弟子租了一处竹楼，就在此住了下来。

过了两天，孙思邈又发现村子里另一个奇怪的现象，就是有不少人患了大脖子病，这些人有男有女，脖子粗得吓人，看起来很是滑稽，这些人觉得自己的样子难看，所以都不好意思出门，见到孙思邈都远远地躲开。

　　孙思邈想起这种病在古书中称为"瘿"，他当下翻阅了不少古方，发现其中有用海藻海蛤来治疗的法子。经过打听，了解到这些得大脖子病的人几乎都没有出过远门，更没有吃过海味，孙思邈于是断定他们必然是饮食单调，缺乏某些营养所导致的。但这里离海遥远，海味一时也不好买，有没有什么可以替代的呢？孙思邈陷入深思之中，连弟子们送来的饭菜，他都视而不见。这时，他突然听一名弟子说道："师兄吩咐我买了些羊脑来，说师父多日著书辛苦，要补补脑子。"

　　听了这句话，孙思邈忽然想起前人曾有"以脏养脏"的说法，虽然未必全对，但有时也有几分道理。想到此处，孙思邈脑海里灵光一闪，如此说来，让大脖子病的患者将动物脖子上的那一小块肉取来食用，是不是就可以治病了呢？想到这里，孙思邈顾不得吃饭，抓紧吩咐弟子去找寻。

　　可巧有山间的猎人打到一只鹿，正拖着回寨子里来，弟子们忙拦住他，出钱将鹿靥（鹿脖子间的肉，实为鹿的甲状腺体）买下，交给孙思邈。

为了增加药性，孙思邈将鹿靥用当地出产的美酒泡了，然后再烤干，烤后再泡，泡后再烤，反复多次后，制成"五瘿丸"数枚。这些药丸给那些大脖子病的人服下后，见效神速，没过个把月，竟然肿胀全消，好得和正常人一样了。村寨中的人，越发对孙思邈敬如神明。

受此启发，孙思邈猜想这夜盲症也是因为营养缺乏所致，他了解到患夜盲症的穷人，很少吃肉类和动物内脏，而像竿夫所说的富户张财主之类，却是经常宰羊杀猪，吃得脑满肠肥。加上历年来收集的方子中多有"肝能明目"一说，于是孙思邈命人买来羊肝给那些夜盲症患者吃，没过多久，他们也全都恢复了正常视力。后来经过探索，孙思邈又将治大脖子病所用的鹿靥改为羊靥，一样有效，但羊比鹿更容易找到，这样病人用药更为方便。

从这两个病例中，孙思邈悟出了"食疗"之道，所以他在书稿中专门增添了"食治方"的篇目，其中提道："安身之本，必资于食……若能用食平释情遣疾者，可谓良工。……夫为医者，当须先洞晓病源，知其所犯，以食治之。食疗不愈，然后命药。"

后来，孙思邈又治好了当地一富户的脚气病。这脚气病患者，两脚发软，心跳气喘，浑身软疼，小便不畅，精神极度困倦，很多人常因此而死亡。孙思邈仔细收集了脚气病患者的资料后发现，和前面所说的夜盲症患者多为穷人截然相反，得脚气病者全是富人，于是孙思邈马上意识到这可能也是因为饮食的问题。仔细问过之后，发现这些富人终年吃上好的精米，而穷人一般是以糙米和糠皮充饥。所以孙思邈在治脚气病的药方中，使用谷糠皮熬汤给患者喝，结果屡见奇效。

日月如流，乌飞兔走，转眼孙思邈在四川隐居已达十年之久。这一天，正逢孙思邈百岁大寿，虽然他吩咐众弟子们不必铺张，但还是四方宾客盈门，都来给这位百岁的老仙翁道喜祝寿。

喧闹的一天结束之后，孙思邈留下几名亲近的弟子，一起漫步在青城山的天仙桥畔，这"天仙桥"并非人造，乃是有一块天然巨石卧于两山之间的悬崖上。师徒们叹赏一番，其中一名弟子说道："师父寿达百龄，仍然精神矍铄，恐怕要与此山同寿了。"

孙思邈笑道："安有是理！为师也是血肉之躯，上苍待我不薄，使我得享百岁高龄，但我也有自知之明，别说这山，就是这树，人的寿数也比不了哇！"说着，随手一指道旁那棵百年的古松。

众弟子一时默然，不知如何接话，孙思邈却笑道："我已年过百岁，多活几年少活几年，都比一般人幸运多了。我最在意的是这本书，我收集天下药方，积累多年医案，现在基本上完稿了，我期望这本书能流传百代，造福世人！"

说罢，孙思邈命书童从背上的包袱中取出一大摞书页，封面上赫然写着《备急千金要方》六个大字。孙思邈入蜀之后，新收的一名弟子名叫勾度，这勾度看了书名，疑惑地问道："师父，这'千金'是什么意思，是里面的药很贵，还是这些药方很贵？"

孙思邈笑道："这里所说的'千金'，是说医方可以救命，这世间什么最贵？只有人命最贵，所以用了'千金'两字。我这本书将来要刊行于世，书中的药方，也可任人抄录传播，万万不可珍之秘之，据为己有，你们可听清了？"

说到这里，孙思邈将笑容收起，一脸的严峻。

弟子们见师父如此郑重，当下纷纷跪倒，谨领师父教诲。

孙思邈一挥手中的竹杖，说道："起来吧！大家记住我的话就好，明天我们收拾行装，动身返回长安！"

大弟子疑惑道："师父，您不是说这里风景绝佳，是个好地方，再说现在已是深秋，长安越来越冷了，不如来年再作打算？"

孙思邈说道："我避居此处，主要是为了清静著书，如今书稿基本写就，还是要回长安，让皇家帮助刊刻行世。不然的话，这本书难以流行海内，这些药方若不能刊布于世，就会有不少得病的人挣扎于苦痛之中啊！"

众弟子听了，这才明白师父的一番苦心，于是抓紧回去收拾准备。

此时的孙思邈年岁已高，弟子们担心他的健康，不便赶路急行，而且他的名声已是传遍四方，每到一处，就有地方的官绅苦苦挽留，这个让他治消渴之症，那个要他医风疾。孙思邈又岂能见病不医，见死不救？如此一来，走走停停，足足走了一年多，才来到关中。待辗转到达长安，却正值朝中多事，唐太宗准备着兴兵东征高丽，不想内患突生，太子李承乾意图谋反夺位。废了太子后，为了立嗣之事，皇帝日夜不安，根本没有余暇来召见孙思邈。

转眼又过了数年，太宗驾崩，其子李治继位，是为唐高宗。唐高宗虽然不及太宗神武，但却也是个守成之君，大唐国力继续蒸蒸日上，连年丰登，米斗不过五钱，唐军也四处告捷，西灭突厥，东平高丽，是有唐一代疆域最广的时代。

潜心著述

1

不觉已是显庆四年（659），太液池畔，风和日暖，唐高宗正在大宴群臣。见皇帝兴致正高，英国公李勣奏道："两年前，朝议郎苏敬上书说前朝陶弘景所撰的本草多有错谬，所以请旨要求新修一部。如今这本《新本草》已经编成五十五卷，请皇帝下旨，刊行于世，造福天下！"

高宗皇帝大喜道："这是功在千秋的好事，快报上编撰者的姓名来，朕要论功行赏。"

苏敬早有准备，忙递上名单，高宗看时，只见上面先写有李勣、长孙无忌、许敬宗、孔志约等，这些人不懂医术，只是挂个名罢了。另外还有尚药奉御许孝崇、侍御医巢孝俭、太医令蒋季琬等一干人，当下吩咐考功员外郎按律行赏。

这时李勣又说道："修此医书，还有一人出力不少，这位隐世神医，为此书提供了不少的方剂，前不久还治好了我多年的背部箭疮。"

原来，李勣作为大唐开国功臣，一直征战四方，为李唐立下汗马功劳，但他在沙场上曾经被敌人射中后背，虽然身被重甲，但还是透肤入骨。这箭镞嵌在背部，靠近脊柱，一旦剜取不慎，将有全身瘫痪之虞，因此诸医不敢妄取。李勣已经忍受多年，卧时不适还算罢了，还经常发炎流脓。

李勣这么一说，高宗果然见他腰背挺拔，行动自如，不似昔时，忙问："这神医是谁？"

李勣答道："此人就是先皇于贞观初年就召见过的孙思邈，此人给我用药服下，那箭镞就慢慢从肉里长出来了，真是神奇啊！"

高宗听了，也是大为吃惊："先皇召见孙思邈一事已有三十多年了，那时朕还没出生。听说孙思邈当年已是耄耋老人，后来听说他离长安而去，这些年不得消息，还以为他早已仙逝，殊不知尚在人世，真是奇事啊！"

得知孙思邈现在已是一百一十八岁高龄，唐高宗大感兴趣，立即召见了孙思邈。

只见孙思邈虽然白发如银，但面色红润，手持一根紫皮木杖，上悬一只硕大的葫芦，一身青袍，步履轻快，一派仙风道骨的模样。

唐高宗免了孙思邈的叩拜之礼，说道："孙仙翁，就在朕朝中做个谏议大夫吧？每日能伴我左右，提些意见给我。"

这谏议大夫是个正五品的官，好多科举登第的人一辈子都盼不到这个位置，而且这个职位能亲近皇帝，历来被视为清要之职，是很多人眼红的好差事。可孙思邈却推辞道："陛下，老朽做不来这个职位，只盼皇恩浩荡，能将我平生所著《备急千金要方》刊行于世，老朽平生心愿已足。"

高宗点头："此事利国利民，朕安有不准之理？这样吧，孙仙翁你就在尚药局任个职位，这样出入方便，俸禄按承务郎（正八品）发放，可好？"

见孙思邈点头答应，唐高宗觉得这官还是小

了点，心下有些过意不去，于是又宣旨："长安城中的朱雀街第六坊为光德坊，是鄱阳公主的旧宅，但公主未嫁早逝，一直空着，现在就赐给孙思邈居住。"

下朝之后，弟子们不解地问道："师父不做大官做小官，正五品的谏议大夫您不做，这八品的承务郎小官您却不推辞，弟子们真想不明白了！"

孙思邈笑道："这正是庄子所说的'材与不材之间'啊！我留在长安，本意是想刊行普及我毕生的心血之作《千金方》。倘若没有官职，不便出入太医院及参与诸事，而如果官当得太大，会遭人嫉妒，也不是件好事，所以这才是我不做大官，不辞小官的真正原因啊！"

弟子们这才豁然开朗，纷纷赞叹。

孙思邈搬进光德坊后，一时间四方求医者络绎不绝，还有一些朝中名士都拜在了他的门下，像能文能武的宋令文（著名诗人宋之问的父亲）、进士登科的孟诜，都尊孙思邈为师，恭敬有加。

这天，只听孟诜和宋令文在光德坊中谈论说："要说师父的神通医术，那真是深不可测，他在蜀地十多年，曾经坐虎针龙，当地人都敬他为仙人。"

不想孙思邈正好从内堂听到，笑着出来说："此事纯属虚传，所谓坐虎，是因为当地有母虎为猎人所杀，留下一只乳虎，也受了伤损，我见它可怜，就给它治伤，并加以喂养。这乳虎长大之后，通了人性，对我十分亲昵，经常依偎在我身边。所以乡民见了，都说我有伏虎之能，这只虎是我的坐骑，其实我也并没有骑过此虎。而针龙之事，更为荒诞，为师从来也没有见过龙的真身，是否真有，实在难说。"

孟诜和宋令文听了，不但没有失望，反而由衷地敬仰。他们深感师父和那些装神弄鬼的方伎之士大不相同，那些人是没有事也能编出花样来，而师父对神化自己的这些说法，却直言驳斥，这种坦诚谦逊的胸怀实在令人佩服。

不觉又过了十年，《千金方》已广为人知，并且于咸亨二年（671）流传到了日本。

这一天，忽然门外又有一人前来拜访。孙思邈一看名帖，原来是颇有诗名的卢照邻，卢照邻文采极佳，一篇《长安古意》让京城中的人交口称赞。可是他到四川为官时，却不幸染上了麻风病，以致四肢麻痹，行动困难。麻风病是一种传染病，孙思邈在四川时曾经见过麻风病人，得此病的人有的胡子眉毛全掉光了；有的浑身皮肤溃烂，长满了各种颜色的烂疮；还有的人身上的皮肤像麦麸一样往下掉；还有的人非常怕冷，夏天还冻得打颤；像卢照邻这样身体变得像死树一样枯槁的也不在少数。

孙思邈细细观察了卢照邻的病情，当下叹了口气说：就医的时间太晚了！这病情一延误，要想完全治好，可就难了。当下孙思邈给他开了些药服用，能在一定程度上控制他的病情，减轻他的痛苦，又给他讲了一番扶正祛邪的道理。卢照邻听得心悦诚服，坚持要拜孙思邈为师。麻风病者因被病痛折磨，往往是面目全非，形如鬼怪，常常为人嫌弃，孙思邈虽然知道卢照邻年岁已大，而且专长在于诗文，不可能真正学医，但如果坚决不收他为弟子，不免让卢照邻更加自卑，于是只好答应了。

年年岁岁花相似，岁岁年年人不同。转眼孙思邈在长安又住了二十年，他收的很多的弟子鬓角上也新添了白发。《千金方》既然已大行于世，孙思邈就再不流连这个繁华之地了。

上元元年（674），一百三十三岁的孙思邈正式告老还乡，为免俗世所扰，他决定隐居在自己幼时就经常去采药的磬玉山。

2

一百多年了，山川依旧。溪水依然淙淙而流，飞鸟依然在宛转啼鸣，那满坡的野花，还是像当年一样开遍了原野，开遍了山河。只是当年和他一起采蘑菇做游戏的小伙伴，却都不在人世了。孙思邈手拄竹杖，怅然望着那西坠的红日，回想那前尘往事，大有恍如隔世之感。

弟子和儿孙们给孙思邈在山间修了几间房屋，收拾得窗明几净，供老人家居住。门前新凿了一个十丈见方的水池，种有荷花，养有游鱼。房后开有半亩药圃，种有地黄、枸杞、牛蒡、黄精等各类药材。

然而，侍奉孙思邈的弟子却发现，师父并未安享晚年，他还是一天天地笔耕不辍。原来，孙思邈又立下一个宏愿：再写一部《千金翼方》。

弟子们生怕师父劳累，纷纷劝道："师父，您那部《千金方》已是皇皇巨著，足以千古流芳，何苦要再花精力著书呢？何况师父您已是一百三十岁的老人，不能像年轻人一样耗费精神了！"

孙思邈却淡然一笑："所谓岱山临目，必昧秋毫之端；雷霆在耳，或遗玉石之响。现在我反复再看这本《千金方》，还是觉得有不少遗漏之处，趁我还没有老糊涂，要把这些心得记载下来，留给后人才是，不然可要被我带到棺材里去了，你说当不可惜？"

弟子急道："师父莫如此说，您老人家寿比南山，想那彭祖寿高八百岁，您这日子还长得很……"

孙思邈摇头道："八百岁之彭祖，也是传说罢了。为师最近精神气血已大不如前，所以要抓紧将此书写就才是。我自有分寸，你们不必多说了！"

弟子们惊奇地发现孙思邈又立下一个宏愿：再写一部《千
金翼方》。

弟子眼中含泪，默然而退，自此之后，他们在饮食寒暖上照料师父更为细心了。

七年之后，这本长达三十卷，以补《千金要方》之不足的《千金翼方》也正式完稿了。书中记载了孙思邈晚年收集的药方，并对药材的采集、加工、炼制等细节做了十分详细的指导，此书和《千金方》相辅相成，堪称我国医药典籍中的双璧。

山中无历日，寒尽不知年。转眼已是唐永淳元年（682）了，春风渐暖，冰雪消融，早梅吐芳，万物复苏。连孙思邈院中那棵老柳树，枝条上也染上了鹅黄色的春意。然而，年已一百四十一岁的孙思邈，这天清晨起床后，却自感气息不畅，行动无力，昏然嗜睡，浑身的精神气力仿佛如漏壶中的水一样，正一点一滴地漏掉。他叹了一口气，自知大限将至，这个世界留给他的时间已经不多了。

然而，胸怀旷达的孙思邈随即释然，当时的人要是能活到七十余岁，已称为高寿，何况自己已经多了一倍呢。而且两部皇皇巨著也都已经完成，平生夙愿得偿，可以说是了无遗憾了。

想到此处，孙思邈抚须一笑，他唤来服侍的

小童，吩咐道："孩子，你去召家中的子孙和弟子来，我有话要给他们说。"

时至中午，孙家的子孙和弟子们已满满地站在了院中。大伙来齐之后，早有人抬过一个胡床，扶着孙思邈坐了上去。孙思邈先是扫视了一下这些儿孙子弟，目光在每一个人脸上都凝视片刻，然后缓缓地说道："天地厚我孙思邈，得享百岁高龄，如今自感大限已到，不日即将离世，所以今天交代一下遗言，也算了却最后一桩心事。"

听闻此言，一个年轻的徒孙向前走了两步跪倒在地，哭道："太师父，不要离开我们！太师父寿比南山，千万不要说这等话！"众儿孙弟子也纷纷哭泣，举袖拭泪。

孙思邈道："都不要哭了！生也死之徒，死也生之始，有生必有死。倘若这点都看不开，怎么配做我孙思邈的儿孙和弟子！"

喝止了众人的哭泣声后，孙思邈又说道：

"我从小立下的志向，就是当个名医，编一本医书，造福世人。如今《千金方》和《千金翼方》都已经著成，你们一定要好好研习，并广为流传。

此外，但有机缘，就将一些常用的方剂刻在石碑之上，供人拓印，拿去治病救人，千万不可将药方秘藏，谋财沽名，切记切记！"

这时一名弟子说道："恩师，我和几位师弟已在此山下的大道旁，立了一座石柱，四面刻满了常用的药方，百姓们均可自行抄方治病，大伙都将此物称作是'石太医'呢！"

孙思邈点头赞许，接着又说道："弟子们行医时，务必要注重医德，安神定志，无欲无求，发大慈恻隐之心。无论求医者是贫是富，是贵是贱，是男是女，是丑是俊，是中原人，还是外族人，都当一视同仁，把他们的病当作是自己的病一样。如果需要去病人家里出诊，无论是寒冬酷暑，还是道路崎岖，都不可以偷懒推辞，否则就不能算我孙思邈的弟子！再者，如果去的是大户人家，千万不得贪看病家的园林景致、珍宝字画。病家招待时，不要贪吃那些山珍海味，更不可欢娱饮酒！须知病人痛苦难当，医者却怡然享乐，这是人神共耻的行为！另外，倘若病人有疮痍下痢之类的病症，臭秽无比，连他的亲人都不免厌恶，但我们医者却不可有嫌恶之心，这才是医家的本色。"

见弟子们一一领受，孙思邈还是不放心，又谆谆嘱咐说："我们行医，千万不要贪图财物，更不可到了富贵之家，故意开一些珍稀难求的药物，让病人多费钱财，这和勒索人的匪徒没什么区别！也不能因为有些病治不好，就故意说非得有这些珍稀药物才能治好，以此掩饰自己的无能。我们行医之时，不可嬉皮笑脸地胡说八道，到处泄露病人的隐私，诋毁其他的医生，吹嘘自己的本事，更不得偶尔治好了一个病症，就沾沾自喜，觉得天下病症不过如此，自己就是神医了，须知天下病症多端，疑难之症在所多有，万不可有轻视之心……"

孙思邈不厌其详，细心嘱咐了大约有两个多时辰，最后对儿孙们说道："至于我的后事，千万不可给我用贵重的木材做棺材，也不要陪葬许多的金银财宝作明器，更不得杀牛宰羊作祭品，要知道我一生爱惜性命，就连药材也尽量不用活物来做，你们如果杀生来祭祀我，我地下有知，必然不喜，切记切记！"

一切吩咐停当后，孙思邈站起身来，自行拄杖回后堂而去。众儿孙弟子眼望掩上的房门，唏嘘不已，在院中怅然站立良久，这才散去。

　　永淳元年（682）二月十五日，一场细雨过后，院中的杏花含苞欲放，而一代药王孙思邈却安详地闭上了眼睛，享年一百四十一岁。

孙思邈
生平简表

● ◎ 西魏文帝大统七年（541）

———————————————————

孙思邈出生于京兆府华原县。

● ◎ 西魏文帝大统十四年（548）

———————————————————

开始读书，能日诵千余言。

● ◎ 西魏恭帝三年（556）

———————————————————

柱国大将军独孤信赞孙思邈为"圣童"。

● ◎ 北周明帝武成元年（559）

孙思邈年十八岁，立志学医。

● ◎ 北周宣帝大成元年（579）

入太白山隐居。

● ◎ 北周静帝大象元年—大定元年（579—581）

杨坚辅政，征召孙思邈为国子博士，孙思邈装病不应。

● ◎ 隋文帝开皇元年（581）

孙思邈为人医治"蛟龙病"（一种寄生虫病）。

● ◎ 唐高祖武德元年（618）

孙思邈为佛门大德尼姑净明治愈霍乱病。

●◎唐太宗贞观元年（627）

入朝觐见太宗皇帝，皇帝欲授以官爵，坚辞不受。

●◎唐太宗贞观二年至五年（628—631）

结识甄权等朝中名医，协助魏徵等人修前朝旧史。

●◎唐太宗贞观六年（632）

孙思邈离开长安，南下四川。

●◎唐太宗贞观七年至十六年（633—642）

孙思邈先后在江南和蜀地采药治病，收集验方，期间为梓州刺史李文博治消渴病。

●◎唐太宗贞观十七年（643）

返回关中，到达长安附近。

●◎唐高宗永徽元年（650）

为英国公李勣治背部箭伤。

●◎唐高宗永徽三年（652）

孙思邈平生力作《备急千金要方》撰写完成。

●◎唐高宗显庆四年（659）

面见高宗皇帝，被授与谏议大夫，孙思邈推辞。皇帝将光德
坊鄱阳公主旧宅赐他居住。

●◎唐高宗咸亨二年（671）

孙思邈所著《千金方》流传到日本。

●◎唐高宗咸亨四年（673）

卢照邻拜孙思邈为师。

●◎唐高宗上元元年（674）

孙思邈告老还乡，隐居华原县孙家塬附近的磬玉山。

●◎唐高宗开耀元年（681）

孙思邈又写成另一部巨著《千金翼方》，以补《千金方》之遗漏。

●◎唐高宗永淳元年（682）

孙思邈安然离世，享年一百四十一岁。